" *Para Allene y Tano*
que son Magníficos "

Felice Caza!

Luisa Ginoulhiac

EL LABRADOR

EDITORIAL DE VECCHI, S. A.

ADVERTENCIA

Este libro es sólo una guía introductoria de la raza. Para criar un perro es necesario conocer a fondo su temperamento y tener nociones generales de psicología y comportamiento animal, que no están contenidas en la presente obra. Se advierte que si se orienta mal a un perro, este puede ser peligroso.
Por otra parte se recuerda que, lógicamente, sólo un profesional acreditado puede adiestrar a un perro y que cualquier intento de hacerlo por cuenta propia constituye un grave error. Es obvio que bajo ningún concepto debe permitirse que los niños jueguen con un perro si el propietario no está presente.

Colección dirigida por Luigi Guidobono Cavalchini y Candida Pialorsi Falsina.

Proyecto gráfico de la cubierta de Design 3.

En la cubierta: campeón italiano Magic Moment of Crooked House
(criadero Josiane Penel, propietario Acerbis Labradors, fotografía de Pro Dog)
y el cachorro Dolly.

© Editorial De Vecchi, S. A. U. 2000
Balmes, 247. 08006 BARCELONA
Depósito Legal: B. 31.888-2000
ISBN: 84-315-1500-7

Índice

Introducción

En estos últimos años la cinofilia está experimentando una considerable transformación. En efecto, el número de personas que sienten la necesidad o el deseo de tener un perro, en especial de raza, aumenta cada año. Al perro ya no se le considera una ayuda para realizar determinadas funciones, sino principalmente un amigo con el que pasar el tiempo libre y vivir una experiencia distinta, con una estrecha relación hombre-animal. Para satisfacer las demandas de un número cada vez mayor de lectores, el editor ha creado esta nueva colección cinófila titulada «Perros de raza», que se une a la ya existente y que pretende transmitir un mensaje más directo e inmediato por medio del texto y de las ilustraciones.

El labrador es una raza que tiene todas las características morfológicas y de comportamiento para estar ampliamente difundida; a pesar de ello, a diferencia de lo que sucede en muchos otros países, en España no es muy conocida y su presencia es limitada. Por ello, es obligado aprender a conocer mejor a estos perros, que pueden ser útiles no sólo para la caza, sino también para muchas otras actividades, y son excelentes compañeros del hombre.

La autora, Luisa Ginoulhiac, es licenciada en veterinaria y es una apasionada cinófila. Su preparación científica y la experiencia específica han permitido la realización de este volumen en el que se toman en consideración los distintos aspectos de la raza, de los orígenes y la difusión de las características étnicas, morfológicas y de comportamiento. La autora se detiene también en útiles consejos para criar y educar de la mejor forma a un labrador.

Al texto específico sobre la raza se le han añadido algunos capítulos inherentes a aspectos técnicos de carácter general, como por ejemplo: «Cómo entender y hacerse entender por el perro», por Marina Verga, profesora de etología zootécnica en la Universidad de Milán; «La reproducción», «La alimentación» y «La salud y la higiene», tratados conjuntamente por la doctora. Carla Cristofalo y el que suscribe.

Los dibujos son obra de Alberto Marengoni.

El editor agradece particularmente su colaboración a todos aquellos que han puesto a su disposición material fotográfico, contribuyendo a enriquecer el volumen y a hacer más amena la lectura.

El director de colección
LUIGI GUIDOBONO CAVALCHINI

Los orígenes

Como sucede con muchas otras razas caninas, las opiniones y las teorías sobre los orígenes son controvertidos; la hipótesis que predomina actualmente indica como lugar de origen de estos perros la isla de Terranova.

Las descripciones de numerosos viajeros de principios del siglo XIX atestiguan la existencia de perros de características similares a las del labrador utilizados por los pescadores en las costas de Terranova, en Canadá. Parece que estos ejemplares derivaban de perros de caza llevados a aquel lugar por los colonos que residían en los puertos de Terranova durante la temporada de pesca y que iban y venían entre Canadá y Gran Bretaña con los barcos pesqueros cargados de bacalao.

Los perros de St. John, como se les llamaba en aquellos tiempos, eran empleados tanto para la caza como para la recuperación de los cabos en el mar, dado que eran excelentes nadadores. Existen fuentes inglesas que atestiguan que este tipo de perro nació de cruces entre el perro de Terranova de gran tamaño y perros de caza más pequeños similares al pointer. Este tipo de acoplamiento debería tener por objetivo construir ejemplares más ágiles, con el pelo más corto y con el olfato más desarrollado que el propio terranova.

En realidad, el ambiente particular en que tuvieron que vivir estos perros fue lo que permitió la selección de aquellos caracteres de robustez y resistencia que el labrador posee aún en nuestros días. El clima de esas regiones contribuyó sin duda a la selección del espeso manto

Una hermosa hembra negra: Trewinnard Blackberry. *Cría de Tony Pascoe. Propiedad de Acerbis Labradors (foto Pro Dog)*

¿DE DÓNDE VIENE EL LABRADOR?

Contrariamente a lo que haría pensar su nombre, el labrador no proviene exactamente de la región canadiense homónima. En efecto, al parecer, los predecesores de este perro vinieron de las costas de la isla de Terranova y no se sabe cómo se llegó a esta denominación. Las dos zonas están geográficamente muy cercanas e inicialmente los dos términos, terranova y labrador, *eran utilizados indistintamente para indicar a esos perros particulares que entonces utilizaban los pescadores de bacalao de las costas de Terranova.*
El labrador retriever como raza bien definida nació en Inglaterra gracias a la pasión y a la habilidad de los criadores ingleses de finales del siglo XIX y comienzos del XX.

impermeable al agua. Las características físicas de estos animales, descritos con el manto habitualmente negro, correspondían a las de un perro de pelo raso, no demasiado grande y muy rápido en la tierra y en el agua.

Existen también representaciones del perro de St. John que lo retratan con el pelo y la cola ligeramente más rizados que los del labrador actual, pero en conjunto resultan bastante similares.

En realidad, en aquellos tiempos no existía aún la distinción clara entre las dos razas actuales, terranova y labrador, y, en efecto, muy a menudo los dos términos eran utilizados indistintamente.

Probablemente la raza fue importada hacia mediados del siglo XIX a Inglaterra mediante los barcos pesqueros que en aquellos tiempos iban y venían entre la isla de Terranova, a lo largo de cuyas costas se pescaba el bacalao, y los puertos de Poole en Dorset y de Clide en Escocia. Sin embargo, no se sabe con certeza hasta qué punto estaban estabilizados en aquel tiempo los caracteres de la raza. En efecto, según los criadores ingleses, profundos conocedores de las reglas de selección, no es posible que los pescadores se hubiesen concedido el lujo de seleccionar el manto totalmente negro o las particulares dotes de cobrador que el labrador tiene en la actualidad. Posiblemente existían perros de morfología bastante variada, y la selección llevada a cabo, de forma obviamente empírica por los pescadores, se refería probablemente sólo a la habilidad en el trabajo y a la resistencia física ante climas muy rigurosos.

Otra teoría indica como predecesores del labrador a perros procedentes de las zonas costeras del norte de Portugal, llamados *perros de castro labradores*. Es una raza existente aún hoy,

EL PERRO DE ST. JOHN

El coronel Hawker describió al St. John water dog, antepasado del labrador, en 1814, como «... perro excelente para cualquier tipo de caza, tiene el manto generalmente negro y no es mayor que un pointer. Es sumamente rápido en la carrera y en la natación; tiene fuertes patas, pelo corto, y la cola no es tan rizada como la del terranova».

Reproducción del perro de St. John

11

y que, efectivamente, es similar a un labrador feo, que según algunos podría haber sido importado a Inglaterra gracias a los tráficos marítimos entre los dos países. Sin embargo, esta hipótesis es menos aceptada por los expertos. Ciertamente, la historia más reciente de estos perros es totalmente inglesa; en efecto, es bien conocida la antigua pasión por la cinofilia de este pueblo que siempre se ha dedicado a la cría y a la selección de las más dispares razas caninas. Parece ser que los criadores ingleses se fijaron pronto, gracias a sus cualidades, en los antepasados del labrador, y los utilizaron para reforzar las líneas de sangre de los perros de cobro. En efecto, su intención era unir a los perros de muestra con perros adiestrados sólo para cobrar.

Retrato de labrador amarillo con pato (foto G. Paraporti)

Fue así como se empezaron a seleccionar los primeros labradores, aunque originariamente existía aún confusión con el perro de Terranova. En un artículo publicado en 1870 en el *Illustrated London News,* que incluye observaciones sobre la exposición canina de Birmingham, se lee un comentario a propósito del terranova que dice: «Sería deseable verlos divididos en dos clases: el terranova que ya conocemos y el labrador negro carbón que es, sin duda, otra raza».

Uno de los primeros grandes cabezas de estirpe del que tenemos noticia fue un perro seleccionado por lord Malmesbury llamado *Buccleuch Avon,* nacido en 1885. Lord Malmesbury regaló algunos descendientes de su perro a otros nobles apasionados cazadores y entre finales del siglo XIX y principios del XX fueron fijadas todas las características actuales del labrador retriever. Otros personajes importantes en la historia de la selección de estos perros fueron

LOS PERROS DE COBRO

Los nobles ingleses de finales del siglo XIX, apasionados cazadores, seleccionaron las razas de los retriever para poder asociar a la habilidad en la muestra, típica de los setter o de los pointer, unos «especialistas» en la actividad del cobro.

LOS TRES COLORES

Originariamente el labrador era de color negro; parece ser que en 1899 apareció por primera vez, de padres negros, un cachorro amarillo. Al parecer, además, inicialmente este manto se consideró fuera del estándar y se dejaron de reproducir con tal característica por ser atípicos. Más tarde, afortunadamente, fue reconocida también la existencia del manto amarillo.

El tercer color del manto de los labradores, definido actualmente como chocolate, inicialmente fue denominado color hígado. Se trata de un marrón tostado muy bello pero difícil de obtener sobre todo con características muy homogéneas.

La primera campeona chocolate Cookridge Tango fue criada por la señora Pauling. Maryorie Seatterwhite ha criado con su afijo Lawnswood al perro Hot Chocolate, hasta el momento único campeón tanto inglés como americano de este color.

Labrador de manto color chocolate: una variedad poco frecuente

A la izquierda, *una bella expresión de un ejemplar del Criadero Chestnut Creek de Barbara Landolt*

En la página siguiente, *potente macho amarillo:* Drake Des Isle du Canyon. *Propiedad del Criadero de Casa Paraporti*

el mismo coronel Peter Hawker, el primero en describir al perro de St. John, lord Knutsford, lord Home y el duque de Buccleuch.

En Inglaterra han nacido sólo diez campeones dobles, es decir, tanto de belleza como de trabajo, y todos descienden de tres sementales de lord Malmesbury: *Avon, Netherby Boatswain* y *Smiler.*

El Kennel Club reconoció oficialmente la raza en 1904 y la asociación de la raza se fundó en 1916.

El premio de *Best in Show* en la famosa exposición de Crufts en Inglaterra se asignó a un labrador dos años seguidos: 1932 y 1933; se trataba del campeón *Bramshaw Bob,* criado por la condesa Lorna Howe.

Entre las personas que contribuyeron de forma determinante a la formación de la raza, fue sumamente importante la señora Gwen Broadley, que, trabajando sobre las bases ya creadas por lady Howe, produjo perros de gran calidad y de óptimo

14

temperamento; no se puede hablar de labradores sin recordar el afijo de *Sandyland,* que regaló a la raza más de setenta campeones.

En un primer momento los labradores eran sobre todo de color negro, pero poco a poco se comenzó a seleccionar también el manto amarillo recesivo. El mérito de haber fundado la asociación para los labradores amarillos en 1925 corresponde a la señora Veronica Wormald.

La raza comenzó a difundirse inicialmente sobre todo en los países anglosajones, como Estados Unidos, donde se reconoció oficialmente en 1917, y luego en numerosos países.

Los criadores ingleses redactaron el estándar de la raza por primera vez en 1887; el club recién constituido lo fijó en 1916, y fue actualizado después de la segunda guerra mundial.

El estándar actualmente reconocido por la Federación Cinológica Internacional se redactó en 1988.

El estándar

El estándar de una raza representa el conjunto de las características morfológicas y de carácter que debería poseer el perro ideal. En efecto, estas características le permiten realizar del mejor modo posible la función para la que ha sido seleccionado. En cualquier caso, se trata de una descripción abstracta, que no corresponde a ningún ejemplar en particular. Representa el «parámetro» en el que deben basarse los expertos cinófilos para evaluar a los animales que son sometidos a su juicio pero, aún más, la guía para los criadores en la selección de sus perros.

El estándar del labrador retriever ha sido redactado en el país de origen de la raza, es decir, por el Kennel Club inglés. Lo clasifica de esta forma la Federación Cinológica Internacional: FCI n.º 122 del 5 de julio de 1988.

Aspecto general

«El aspecto del labrador debe ser el de un perro de constitución fuerte, compacta; muy activo. Con cráneo ancho, tórax amplio y profundo, costillar redondeado, riñones y grupa anchos y poderosos. El pelo debe ser adherente, corto, con denso subpelo y sin flecos.»

El labrador, como perro de caza, debe poseer cualidades de robustez y resistencia que le permitan poder trabajar, en condiciones climáticas

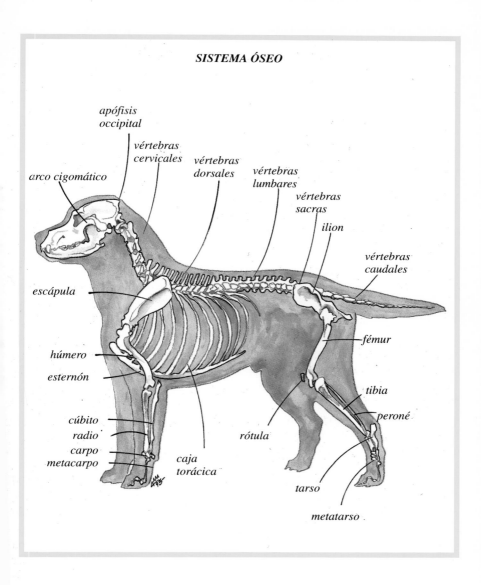

apófisis occipital
vértebras cervicales
vértebras dorsales
vértebras lumbares
vértebras sacras
ilion
arco cigomático
vértebras caudales
escápula
fémur
húmero
esternón
tibia
peroné
cúbito
radio
carpo
metacarpo
rótula
caja torácica
tarso
metatarso

adversas, en todo tipo de terreno; en particular debe ser un excelente nadador, para cobrar patos y otras aves acuáticas.

Características

«Perro muy ágil, de buen carácter, posee un olfato excelente, una gran pasión por

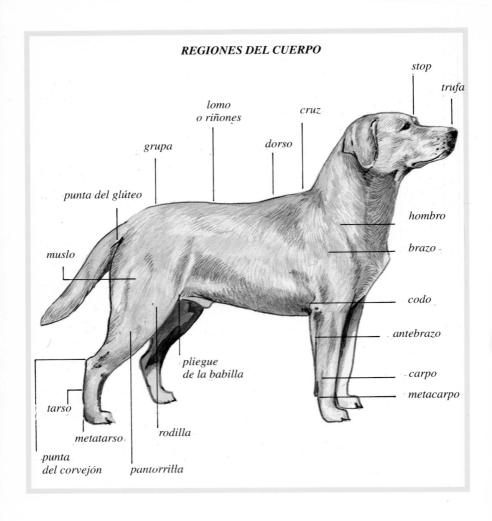

REGIONES DEL CUERPO

stop

trufa

lomo
o riñones

cruz

dorso

grupa

punta del glúteo

hombro

muslo

brazo

codo

antebrazo

pliegue
de la babilla

carpo

metacarpo

tarso

metatarso

rodilla

punta
del corvejón

pantorrilla

el agua y se adapta fácilmente a cualquier ambiente. Compañero fiel.»

Temperamento

«Inteligente, exuberante y al mismo tiempo dócil. Deseoso de complacer a su dueño y de naturaleza amistosa y afable, exento de agresividad. No debe ser excesivamente tímido.»

En la valoración de un labrador es preciso tener en cuenta, además de las características físicas, algunos aspectos de carácter que hacen de él un buen perro de cobro de tempera-

Trewinnard Tea Caddy, *excelente ejemplo del aspecto general y de la constitución de un labrador. Cría de Tony Pascoe. Propiedad de Acerbis Labradors (foto Pro Dog)*

Olfato, agilidad y versatilidad son tres características fundamentales de la raza. Hembra del Criadero Scarpellini

El labrador es un perro inteligente y amistoso, nada agresivo. Elliott. *Propiedad de L. Navoni*

mento muy típico. Un perro bellísimo pero con defectos de carácter es penalizado incluso en las exposiciones de belleza.

Debe poseer un olfato insuperable, un carácter amistoso, vivaz y una auténtica pasión por el agua. Es un perro muy inteligente que a pesar de su irrefrenable alegría resulta fácil de adiestrar.

Cabeza y cráneo

«El cráneo debe ser ancho, con stop pronunciado; los ejes cráneo-faciales son paralelos; la cabeza aparece neta, con mejillas enjutas, ni espesas ni excesivamente carnosas; las mandíbulas poseen una longitud media, son vigorosas y no puntiagudas; y la trufa es ancha, con fosas nasales bien desarrolladas.»

Las características de la cabeza se centran en la función que debe realizar en el cobro; el hocico debe ser ancho, las mandíbulas fuertes y bien desarrolladas para poder llevar incluso aves bastante pesadas. En su conjunto la cabeza debe dar la impresión de potencia y redondez, aunque sin

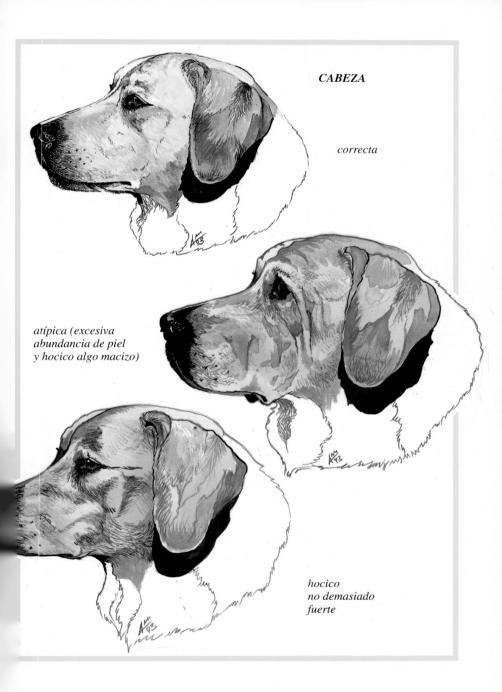

CABEZA

correcta

*atípica (excesiva
abundancia de piel
y hocico algo macizo)*

*hocico
no demasiado
fuerte*

21

A la izquierda, *espléndida cabeza de* Chill Wind of Chestnut Creek. *Cría y propiedad de B. Landolt*

Debajo, *hermoso perfil con orejas correctamente implantadas (foto L. Navoni)*

ser demasiado corta y robusta. También el hocico cumple una función fundamental; la trufa debe ser ancha con las fosas nasales amplias y nivelada con la caña nasal. El stop, es decir, el escalón entre hocico y frente, debe ser muy pronunciado, con una interrupción decidida. La caña nasal es paralela a la línea de la cabeza.

Ojos

«Son medianamente grandes y poseen una expresión inteligente y benévola. Su color debe ser marrón o avellana. Los ojos demasiado claros deben considerarse un defecto.»

Orejas

«No deben ser grandes ni pesadas, cuelgan a ambos lados de la cabeza, y están implantadas un poco hacia atrás.»

Los ojos y las orejas deben estar bien protegidos para poder trabajar incluso en terrenos recubiertos de vegetación densa: los ojos no deben ser prominentes pero debe tener las cejas bastante pronunciadas; las orejas no deben ser demasiado grandes y pesadas pero sí lo bastante desarrolladas para proteger el conducto auditivo de aire y agua. La expresión del labrador es muy importante, ya que le confiere su tipicidad; en efecto, los ojos deben ser dulces e inteligentes al mismo tiempo. La pigmentación de los ojos contribuye mucho a la belleza de la mirada. Por este motivo, los ojos demasiado claros, como se dan a veces en perros con el manto chocolate, se consideran un defecto.

Boca

«Las mandíbulas y los dientes son fuertes, poseen cierre de tijera con dentadura regular y completa implantada perpendicularmente con respecto a las mandíbulas.»

Al valorar las proporciones entre las dos arcadas dentales se habla de *cierre de tijera* cuando la cara interna de los incisivos superiores toca la cara externa de los inferiores.
Se habla de *cierre de tenaza* cuando los márgenes de los incisivos coinciden. En ambos casos la longitud de las dos mandíbulas, la superior y la inferior, es igual. Se consideran defectos la presencia de enognatismo (cuando la mandíbula inferior es más corta que la superior) y de prognatismo (cuando la mandíbula superior resulta más corta que la inferior). El labrador debería poseer siempre un cierre de tijera. En Estados Unidos el estándar establece, en cambio, el cierre de tenaza.

Cuello

«Se halla bien destacado, es fuerte y sólido, y está bien implantado sobre los hombros.»

Obsérvense las potentes mandíbulas y la espléndida dentadura en un ejemplar joven. Canadian Club delle Acque Lucenti (Caio). *Cría de E. Ruggiero. Propiedad de G. Paraporti*

Extremidades anteriores

«Los hombros deben ser largos y oblicuos, y poseer una fuerte osamenta. Desde el codo hasta el suelo las extremidades son rectas, tanto si se contempla al animal de perfil como de frente.»

Los aplomos de una extremidad vienen dados por la dirección de sus radios óseos respecto al suelo considerado horizontal.

Observando al perro de perfil, la vertical trazada desde la articulación escápulo-humeral debe caer al suelo tocando la punta de los dedos. Si el pie se halla por detrás de dicha vertical, se dice que el perro está remetido de brazos. Si el pie se encuentra adelantado respecto a la vertical, se dice que el perro está adelantado de brazos. Este segundo defecto es muy poco frecuente.

En el labrador es muy importante la

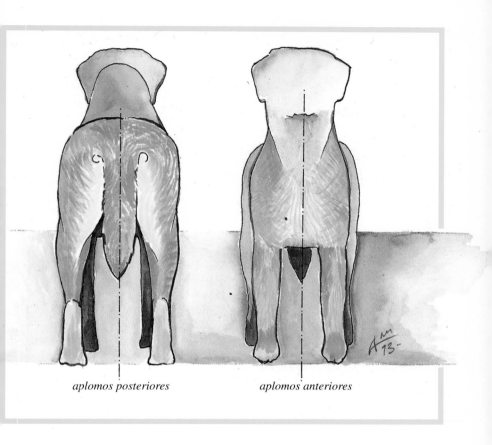

aplomos posteriores   *aplomos anteriores*

nclinación de la espalda; la escápula debe formar con la línea horizontal un ángulo de 45° y con el húmero un ángulo de 90°. Desde el codo hacia abajo la pata debe ser perfectamente recta, tanto vista de frente como de perfil.

Además, las extremidades anteriores cerradas, demasiado juntas, son incorrectas, porque indican un escaso desarrollo de los músculos pectorales. También el defecto contrario es penalizado; en efecto, las extremidades no deben estar excesivamente separadas.

Otros dos defectos que a veces se pueden observar en las extremidades anteriores son los aplomos estevados y los aplomos zambos. El aplomo estevado se presenta con los pies vueltos hacia dentro y los codos despegados del tórax; el aplomo zambo es el defecto contrario: los pies están vueltos hacia fuera y los codos demasiado pegados al tórax.

Glablab How Are You? (Chanel): *hijo de* Don't Disturb Me *y* Sandyland Rise and Shine. *Propiedad de G. Paraporti*

Tronco

«El tronco es amplio y descendido, con el costillar bien arqueado en forma de barril. El dorso es corto pero sólido y forma una línea perfectamente horizontal. Los riñones son anchos, compactos y fuertes.»

El labrador posee un tórax profundo con buenos músculos pectorales que le permiten nadar; no obstante, el pecho no debe ser demasiado ancho porque opondría excesiva resistencia al agua.

Vista desde arriba, la región torácica aparece bien desarrollada en anchura, hasta el punto de que el profano tiende a considerar a los labradores demasiado gruesos; en realidad, es precisamente la curvatura del costillar en forma de barril lo que le confiere su tipicidad.

La *Ch. It.* Magic Moment of Crooked House. *Cría de Josiane Penel. Propiedad de Acerbis Labradors (foto Pro Dog)*

Extremidades posteriores

«Se hallan bien desarrolladas. La grupa no desciende hacia la cola. Los corvejones son un poco angulados y se hallan bien descendidos. Deben evitarse los corvejones zambos.»

La parte posterior del animal es de máxima importancia por ser la que durante la marcha transmite el impulso de propulsión al tronco. Además de estar bien angulados en la rodilla, las extremidades posteriores deben poseer una óptima musculatura tanto en los muslos como en los glúteos. Posibles defectos de aplomo son esencialmente los corvejones abiertos (extremidades vueltas hacia dentro) o, al contrario, los corvejones zambos (que se dirigen hacia dentro mientras los pies se

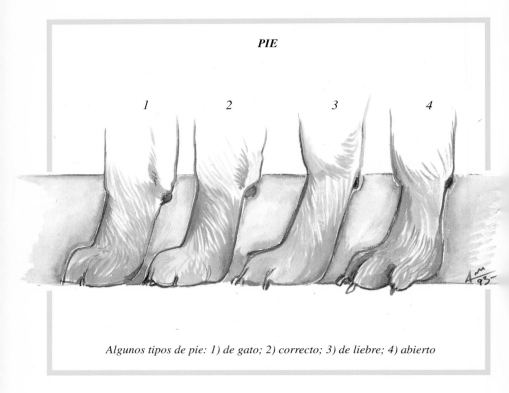

PIE

1 *2* *3* *4*

Algunos tipos de pie: 1) de gato; 2) correcto; 3) de liebre; 4) abierto

vuelven hacia fuera). En conjunto, la parte posterior debe ser ligeramente más ancha que la anterior.

Pies

«Deben ser redondos y compactos, con falanges bien arqueadas y almohadillas plantares bien desarrolladas.»
Los pies del labrador son palmeados, ya que deben facilitar al perro la natación. En realidad, no debemos pensar en un pie de ganso. Un pie correcto es redondo y bien arqueado, no plano o con dedos separados; la piel de los espacios interdigitales está bien desarrollada, pero los espacios en sí no deben ser visibles. Son incorrectos tanto el pie de gato excesivamente pequeño como el pie de liebre, que es, en cambio, largo y ovalado.

Cola

«Es el rasgo característico de la raza; debe ser gruesa en la base y afinarse

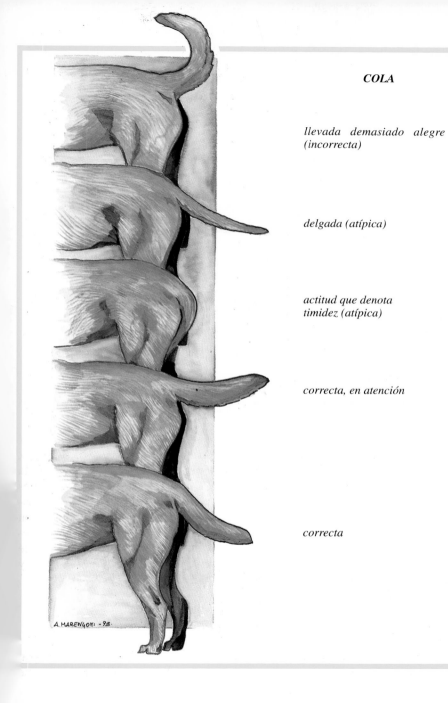

COLA

llevada demasiado alegre (incorrecta)

delgada (atípica)

actitud que denota timidez (atípica)

correcta, en atención

correcta

A. MARENGONI - 93

Balrion Two Tango. *Cría de Glenda Crook. Propiedad de Acerbis Labradors (foto Pro Dog)*

gradualmente hacia la punta; es de mediana longitud, y está completamente recubierta de un pelo corto y espeso, sin flecos, que le da aspecto de una cola de nutria. Puede llevarse alegremente pero nunca formar una curva sobre el dorso.»

La cola típica posee conformación ancha en la base y se vuelve progresivamente más fina hacia la punta. Posee una gran importancia, ya que cumple la función de timón durante la natación y de contrapeso durante el cobro.

Los principales defectos son:
— cola demasiado delgada;
— cola curvada en su extremo;
— cola implantada demasiado alta;
— cola con flecos.

Puede llevarse alta en forma de bandera, sobre todo en los ejemplares jóvenes, pero debe mantener su conformación típica de nutria. ¡Está casi siempre en movimiento!

Marcha y movimiento

«El labrador posee una marcha desenvuelta, con zancadas adecuadamente largas que le permiten cubrir bien el terreno. Las patas se apoyan perfectamente paralelas al eje del cuerpo.»

Manto

«Es otro de los rasgos distintivos de la raza. El pelo debe ser corto y denso, sin flecos ondulados, y parecer bastante duro al tacto; el subpelo es particularmente resistente al agua y a los climas extremos.»

Color

«Negro, amarillo o marrón (hígado o chocolate). El amarillo puede variar de tono crema claro hasta el leonado del zorro. Se admite una pequeña mancha blanca en la parte anterior del pecho.»

Hermoso ejemplar de expresión muy dulce del criadero Chestnut Creek. Propiedad de B. Landolt

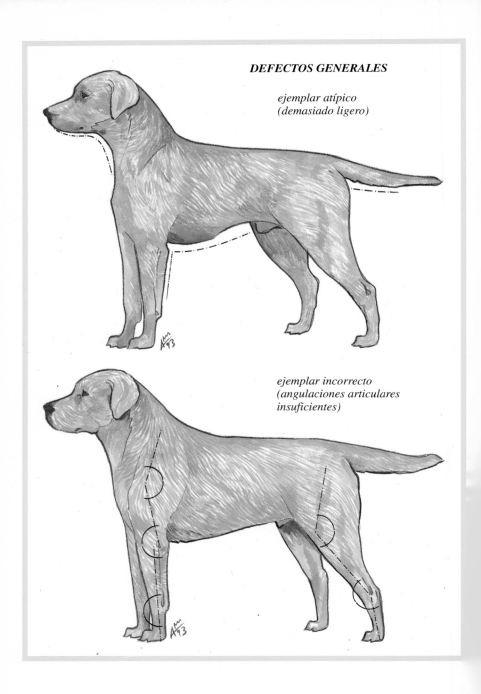

DEFECTOS GENERALES

*ejemplar atípico
(demasiado ligero)*

*ejemplar incorrecto
(angulaciones articulares
insuficientes)*

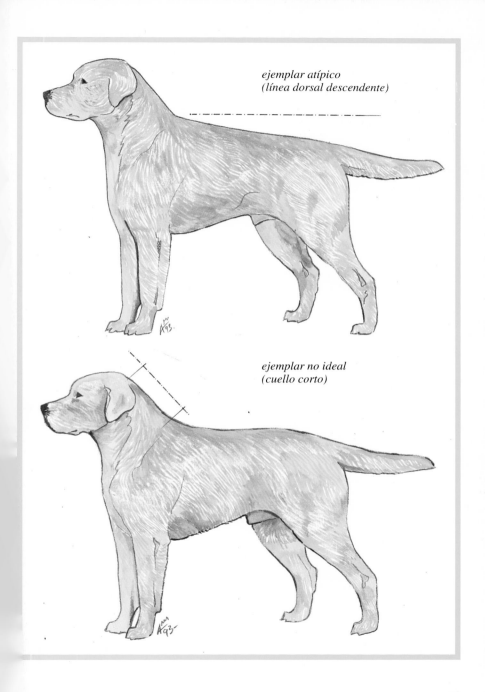

ejemplar atípico
(línea dorsal descendente)

ejemplar no ideal
(cuello corto)

Talla

«Los machos deben medir a la cruz entre 56 y 58 cm, mientras que las hembras pueden variar entre los 54 y los 56 cm.»

Los labradores norteamericanos son ligeramente más grandes que los ingleses, difundidos en Europa: para los machos el estándar es 57,5-62 cm y para las hembras 55-60 cm.

Defectos

«Todo lo que se aleje del estándar se considera defecto. Defectos graves son: prognatismo o enognatismo, ausencia de subpelo, pelo ondulado y flecos en la cola, movimiento defectuoso, hocico puntiagudo, orejas grandes y pesadas, corvejones zambos y cola llevada curvada sobre el dorso.»

Nota

«Los machos deben tener dos testículos de aspecto y dimensiones normales bien descendidos en el escroto.»

Actualmente, como ya ha sucedido con otras razas, existe una tendencia a separar cada vez más las líneas de los perros de trabajo y los de exposición, por lo que es posible ver ejemplares de labrador muy distintos entre sí, sobre todo en cuanto a la talla. No obstante, es de desear que esta tendencia no vaya más allá de los límites aceptables para no correr el riesgo de olvidar los orígenes y la verdadera aptitud de esta espléndida raza.

Las aptitudes

El labrador se considera una de las razas más versátiles que se han seleccionado. En efecto, no es casual que, al margen de sus apreciadas cualidades venatorias, esta raza también haya conquistado un puesto de primer plano en otros campos.

Perro de cobro por excelencia, posee un instinto formidable que, asociado a una notable capacidad de aprendizaje, hace de él un perro de caza fuera de lo común. En nuestro país estas cualidades empiezan por fin a apreciarse, aunque los cazadores españoles siguen prefiriendo otras razas más conocidas para nosotros. En otros países, en particular en los anglosajones, pero también en Escandinavia, Francia y Suiza, la raza resulta notablemente difundida y conocida entre los cazadores.

Además de la caza, existen muchos otros usos en los que el labrador ha demostrado ser una excelente ayuda, gracias en parte a la facilidad y al entusiasmo con que aprende las enseñanzas. En primer lugar el labrador resulta muy apreciado como perro lazarillo, actividad en la que es utilizado con éxito desde hace varios años. Su temperamento equilibrado es perfecto para la función que debe realizar el perro para ciegos: no debe ser distraído por nada ni por nadie durante su trabajo, tampoco debe ser agresivo, ya que tiene que poder permanecer en cualquier tipo de ambiente en contacto con personas o con otros perros y, por último, también es importante, para la vida social de los invidentes, que llame la atención por su belleza y no provoque temor en los interlocutores.

El labrador es ante todo un perro de caza. Gipsy, Pluto y Caio *con su propietario, G. Paraporti*

PERRO LAZARILLO

El cachorro destinado a convertirse en perro lazarillo es confiado a la edad de seis meses a un adiestrador que lo cría en familia durante seis meses más aproximadamente. Durante este período los cachorros aprenden a afrontar todo tipo de situaciones cotidianas: entran en las tiendas, en las oficinas y en todos los lugares públicos, aprenden a caminar sin temor entre el tráfico y a relacionarse con la gente incluso en ambientes atestados. Una vez al mes los instructores especializados de la escuela los someten a un control para verificar sus progresos.

A los doce meses los cachorros son restituidos al centro de adiestramiento para su perfeccionamiento. Aquí son sometidos a severas pruebas por lo que se refiere al carácter y a la salud. Sólo después de superar esta selección los perros escogidos inician el auténtico curso, que dura cinco meses.

Un labrador participando en una prueba de agility, especialidad que se está difundiendo también en España (foto M. Arizzi)

El labrador, junto a otros retriever, ha demostrado ser sumamente útil para ayudar a las personas con minusvalías físicas. En efecto, es capaz de sustituirlas en diversas actividades.

Los perros que son adiestrados para este fin en particular pueden realizar hasta cincuenta órdenes distintas: recogen objetos, abren puertas, ayudan a hacer la compra, etc. También en este caso, como para los invidentes, el apoyo psicológico que la persona obtiene al contar con un fiel compañero siempre cerca es muy importante. Esta utilidad se introdujo hace unos quince años en Estados Unidos y ha tenido aceptación también en Europa, aunque aún no ha logrado una difusión análoga a la de los perros lazarillo.

PERROS PARA SORDOS

Son perros adiestrados para ayudar a las personas con problemas de audición. Son acostumbrados a reconocer los sonidos, como por ejemplo el llanto de un niño o incluso un timbre, y a llamar la atención del propietario.

Como perros de búsqueda, los labradores son utilizados debido a su excelente olfato y a su temperamento emprendedor que les lleva a no temer nada.

En efecto, la búsqueda de personas aplastadas por los escombros a veces implica la superación de obstáculos peligrosos, y el labrador resulta muy adecuado para esta actividad.

Los perros de protección civil son adiestrados para caminar sobre vigas suspendidas en el vacío, para superar pasarelas inestables, para pasar por galerías estrechas, etc., a fin de simular un trayecto accidentado que podría presentarse en caso de catástrofe. En España los voluntarios de las unidades cinófilas utilizan de forma generalizada los pastores alemanes, pero algunos labradores han comenzado ya a trabajar; en otros países, donde la raza está más difundida, estos perros son empleados con bastante frecuencia.

También para el salvamento de personas en el agua los labradores se unen a los más conocidos terranova. En efecto, son excelentes nadadores y no temen en absoluto el agua. Tienen la desventaja de tener el pelo corto, que impide a las personas agarrarse a ellos como hacen con el terranova, pero esta carencia se suple con el uso de unos arneses especiales.

Por último, otro campo en el que es de gran utilidad el olfato de estos perros es en la búsqueda de estupefacientes o de explosivos en los aeropuertos.

El labrador Paco *con su conductor Roberto Monzio del cuerpo voluntario para la protección civil de Milán (foto P. Sommaruga)*

Los perros antidroga son adiestrados inicialmente para descubrir un juguete en escondites cada vez más difíciles de encontrar. Posteriormente, se asocia con el juguete el olor d

A la derecha, *el deporte preferido de los retrievers: la natación (foto L. Navoni)*

Debajo, Elliot: *hijo de* Pinky y Lawnwood's Shamrock. *Cría de Airoldi Giovanni. Propiedad de L. Navoni*

Arriba, *un labrador también puede convertirse en un perro de salón.* Leslie, *del Criadero Scarpellini*

A la izquierda, *un perro grande como este puede imponer cierto respeto aunque su carácter es absolutamente dócil (foto L Navoni)*

la droga, de forma que se acostumbren a buscar los objetos con ese olor. Hay que desmentir la idea de que los perros son previamente drogados para habituarlos a la droga.

Volviendo a su función habitual, actualmente el labrador es también uno de los mejores perros de compañía.

Aunque no posee las dimensiones de un perro de salón, es considerado un compañero ideal tanto para personas solas como para familias, ya que le gustan los niños, tiene una buena disposición para el juego, es dócil y sólo ladra en contadas ocasiones.

En síntesis, es una raza que se podría definir como ecléctica en sus funciones y aptitudes; el único campo en el que es verdaderamente un fracaso es el de la guarda y la defensa, ya que por su naturaleza no haría daño ni a una mosca: tiene de su parte el tamaño y el tono de voz, que pueden imponer respeto a quien no lo conoce, pero en realidad no sabe qué significa agredir o morder a una persona.

LOS DISTINTOS USOS DEL LABRADOR

Su función tradicional es la del perro de cobro que se asocia en la caza con los perros de muestra; además, resulta particularmente indicado para las aves acuáticas por ser buen nadador, amante del agua y resistente a las bajas temperaturas ambientales.

Sin embargo, con el paso de los años se han descubierto otros campos en los que el labrador puede emplearse con éxito: como perro lazarillo para ciegos, como perro de búsqueda en las catástrofes, como perro antidroga, o, sencillamente como perro de compañía para discapacitados. Su temperamento, además, lo hace perfecto como perro de familia.

El carácter

Para describir el carácter del labrador se han tenido en cuenta tanto la opinión de los criadores, que son sin duda los más indicados, como la de los propietarios y adiestradores, que pueden observar todos los días los distintos aspectos de su psicología, desde puntos de vista distintos.

Los criadores lo describen como un perro de temperamento fuerte, vivaz y al mismo tiempo amable: vive perfectamente en grupo y, aunque necesariamente es establecida una jerarquía, es difícil que no reine la paz en su interior. Del mismo modo, vive en armonía con cualquier ser vivo: perro, gato, caballo, etc. En particular adora estar con las personas, es sumamente sociable con cualquiera que le preste una mínima atención y prodiga muestras de afecto a todo el mundo. Por el contrario, odia la soledad y el ocio. Dado su buen carácter, nunca protestará demasiado si se le deja solo, pero los criadores opinan que es un perro destinado a un contacto constante con las personas.

Es un perro de carácter extravertido y lo demuestra en todo momento. Esta alegría suya a veces puede resultar excesiva, ya que a menudo no parece darse cuenta de su potencia y de su tamaño. Por este motivo es necesario acostumbrarlo desde pequeño a controlar sus impulsos de afecto. Un gran labrador que, tomando carrerilla, coloque sus potentes patas sobre el pecho de una persona puede a veces ser mal interpretado en sus intenciones.

Numerosos propietarios, tanto si es su primer perro como si han tenido

Los labradores viven en perfecta armonía. Grupo criado por Barbara Landolt

Tres hembras de distinta edad que juegan juntas. Propiedad del Criadero Scarpellini

Expresión amistosa de un hermoso labrador amarillo (foto Navoni)

ya otros, han afirmado que nunca querrán otra raza.

El labrador es un perro que hace notar su presencia, es divertido, tiene su acusada personalidad y es sumamente cariñoso. En general, no escoge a una sola persona como su amo en el ámbito de la familia; se encariña y está a gusto con todos los miembros, y además se muestra absolutamente alegre cuando viene un extraño. Es un perro que ladra pocas veces para defender el territorio; la guarda no está incluida en absoluto en sus hábitos. Ladra preferentemente para invitar al juego a otro perro o a una persona, y también para pedir algo, pero si un extraño entrase en su casa se comportaría como si lo conociese de toda la vida.

A pesar de su tamaño y de sus hábi-

LA AGRESIVIDAD

Uno de los rasgos fundamentales de la raza, que además es subrayado muy bien en el estándar, es la ausencia total de agresividad. Son pocas las situaciones en que se admite que un labrador enseñe los dientes. Puede suceder entre dos machos, pero en cualquier caso es un comportamiento que debe evitarse por todos los medios. Un labrador no debería gruñir nunca a una persona a no ser que se vea amenazado deliberadamente o asustado por una actitud o por una indumentaria insólita, pero de todas formas incluso en este caso la agresividad debe manifestarse de forma discreta.

tos acuáticos que le llevan a zambullirse en cualquier estanque o charco que encuentre, es un perro que puede vivir tranquilamente en casa, extraordinariamente limpio y ordenado.

A pesar de ser muy exuberante, una vez superadas las primeras fases de loca alegría cuando llega alguien o cuando saluda a su amo, el labrador se habitúa a comportarse correctamente en casa. En general se tumba a los pies de su amo y allí se queda, sin molestar. Necesita un contacto

La curiosidad de dos labradores amarillos ha sido despertada por su amo (foto Scarpellini)

Desde cachorros los retriever muestran una gran pasión por la búsqueda

constante con el amo y se le debe sacar de paseo tan a menudo como sea posible. De esta forma, cuanto más tiempo se pasa junto al perro, se comunica con él mediante gestos, expresiones y tonos de voz, más fuerte se establece la relación de mutua comprensión.

Llegará a un punto en que incluso sin que usted hable el perro comprenderá sus intenciones y, por su parte, usted aprenderá a conocer el lenguaje del perro, que constantemente le comunicará sus necesidades.

Recuerde que a él le gusta estar con usted y lo lleve donde lo lleve se adaptará con facilidad. No se preocupe por su tamaño; a menudo molesta mucho menos un gran labrador tumbado bajo la mesa del restaurante que el perro faldero que no para ni un momento.

También la opinión del adiestrador es muy importante: el labrador, como los demás retriever, posee una aptitud innata para el cobro y, si se le sabe encaminar, puede convertirse en un excelente perro de caza.

Es un perro que se muestra atento a lo que se le enseña, y posee una buena disposición para el trabajo,

La pasión por el agua y por los palos

LE GUSTA COMPLACER

El labrador, bien tratado, es un perro feliz y lo demuestra en cualquier ocasión con su exuberancia y vitalidad. En todo momento su bella cola está en movimiento. Instintivamente es un perro amistoso, que quiere a las personas, y por consiguiente se hace querer.

Una definición muy adecuada de esta raza es la del perro deseoso de complacer. Un labrador es feliz cuando hace algo por su amo, y el único premio que necesita es una palmada amistosa o un «¡bien!». Es un perro que adora ser útil, estar activo, obedecer a su amo. Lo peor que se le puede hacer a uno de estos perros es dejarlo solo y ocioso. Entonces comenzará a provocar desastres, no por despecho sino por aburrimiento.

Este labrador parece hablar con los ojos (foto Navoni)

ODIA LA SOLEDAD

Al labrador no le gusta la soledad. Se adaptará pacientemente si se le deja solo, pero si debe ausentarse por largos períodos durante la jornada deberá pensar en procurarle una compañía. Lo ideal sería otro perro, a ser posible de la misma edad, con el que pueda jugar.

Existen algunos perros totalmente indisciplinados que no pueden permanecer en el mismo lugar con otros perros o personas porque están demasiado excitados y crean continuos problemas. Esto les sucede a los animales que crecen solos, tal vez libres en un espléndido parque pero privados de la relación con el hombre. En estos casos la culpa es únicamente de los propietarios, ya que bastaría con vivir un poco más con el perro para habituarlo a la vida de sociedad y transformarlo así en un compañero fiel e inseparable.

Arriba, Jasmine di Casa Bisagno. *Propiedad del Criadero Scarpellini*

A la derecha, Cherie *parece querer decir: «¿Qué puedo hacer por ti?». Propiedad del Criadero Scarpellini*

como si realmente desease aprender; además, es serio y no se deja distraer fácilmente.

Entre los retriever existen sin duda perros de caza con un instinto más marcado, como el flat coated o el nova scotia duck tolling; sin embargo, el labrador posee otras cualidades que justifican su amplia difusión.

Gladlab how are you? *Propiedad de G. Paraporti*

Cómo entender y hacerse entender por el perro

por Marina Verga

Todos habremos tenido ocasión de notar la gran variedad de signos que los perros utilizan en sus encuentros con otros perros o con el hombre: señales vocales, como aullidos, ladridos, gruñidos, o señales visuales, como flexionar las patas delanteras para «invitar al juego», tener la cola y las orejas bajas, mostrando temor, o mover la cola, agitando todo el cuerpo, a la espera de obtener algún bocado de comida o un paseo. Todos estos signos, y muchos más, como los olfativos, transmitidos especialmente al expeler la orina, forman parte de un «lenguaje» que no es más que el «sistema de comunicación» característico de cada especie animal, en el sentido de que cada una de ellas posee unos mensajes propios para comunicarse.

Leslie *observa la cámara con expresión interrogativa*

51

Arriba, *hermosa cabeza de* Crosscroyde Crystal (Gipsy). *Cría de Lavelle. Propiedad de Paraporti*

A la izquierda, *un bello ejemplar amarillo a la espera de cobrar algo en el agua (foto L. Navoni)*

Para qué sirve comunicarse

Obviamente la transmisión de señales comporta un cierto grado de sociabilidad, es decir, el desarrollo de una vida social en el interior de la cual cada individuo encuentra su propio lugar, su rango y su papel respecto a los otros. Y esto es ventajoso tanto para el individuo como para el grupo ya que, por un lado, el primero consigue identificar mejor, a través de las indicaciones de los demás, las posibilidades de nutrirse y de aparearse, o sea de sobrevivir y de reproducirse, mientras que, por otro lado, el segundo logra mantener su cohesión sin que sus componentes luchen continuamente entre sí. Además, la comunicación entre los miembros del grupo social permite defenderse mejor de los peligros, que incluso pueden ser avisados a distancia, mediante los mensajes acústicos.

El perro pertenece a una especie altamente social, y como tal, rica en signos de comunicación, especialmente visuales, acústicos y olfativos.

Primer plano de labrador amarillo. Cría y propiedad de B. Landolt

Los mensajes del rostro

Las expresiones del rostro —la llamada *mímica facial*— son fundamentales en el lenguaje del perro, particularmente en las razas que tienen la posibilidad de modificar la posición de las orejas. Las distintas posiciones de las orejas, junto a las de los labios, nos pueden revelar las intenciones del perro. Sintetizando podemos considerar que:

— la mirada fija y atenta con las pupilas contraídas, posiblemente acompañada de un gruñido sordo y un leve erizamiento del pelo del dorso, es un signo de amenaza;

— la mirada baja y huidiza normalmente significa timidez, pero atención, también puede ser que el animal tenga miedo y que en tal caso indique que está a punto de atacar;

— la mirada atenta, acompañada de un movimiento zigzagueante de

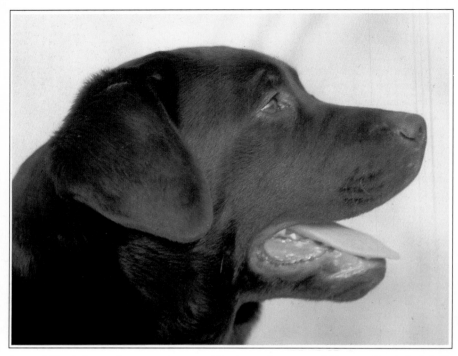

La posición de las orejas comunica atención, desconfianza, sumisión, etc. Propiedad de G. Paraporti

la cola, ladridos y la parte anterior del cuerpo baja, puede querer decir: «¿Quieres jugar conmigo?»;

— la mirada lánguida y, «humanamente» hablando, casi implorante, quizá con el cuerpo en posición de «sentado», con un poco de babilla que cae de la boca, significa que nuestro amigo está esperando pacientemente la comida;

— la mirada «ausente», una posición apática y escasa reacción a las señales que le transmitimos, pueden indicar que algo no funciona en su organismo, que puede padecer alguna enfermedad o incluso alguna patología nerviosa; se dan casos en que esta mirada va acompañada de auténticas crisis nerviosas, que pueden desembocar en episodios de agresividad, repentina y totalmente imprevisible, orientada hacia personas que el animal conoce, o quizá incluso hacia el propio dueño.

Actitud relajada de Dolly. *Propiedad del Criadero Scarpellini*

Los mensajes del cuerpo y de la cola

Todo el cuerpo del perro en su conjunto es capaz de transmitir señales, ya sea modificando la postura, o bien erizando el pelo, hasta el punto de hacer que parezca más voluminoso. El principio general es simple: cuanto más imponente resulta la figura del animal —orejas tiesas, pelo del lomo erizado, posición erguida—, mayor es su dominio sobre el entorno, incluyendo a los otros perros y a las personas; cuanto más «reducida» resulta la figura —cola entre las patas, orejas bajas, posición semiacostada—, mayor es la intención del perro de declararse sometido, dependiente, o incluso «enamorado» en el caso de un perro que corteje a la hembra en celo.

No está claro todavía el significado del zigzagueo de la cola. En la práctica todos sabemos recibir el mensaje de nuestro perro cuando viene hacia nosotros moviendo la cola con el collar, el plato o la pelota en la

Labrador amarillo que juega en la nieve

boca, e interpretarlo como deseo de ir a pasear, tener hambre o ganas de jugar con nosotros. Sin embargo, el perro también mueve la cola a menudo, quizá de una forma más rígida, menos relajada, cuando está en situación de rivalidad con otros perros o en actitud previa a la agre-

FUNCIONES DE LA COLA SEGÚN ALGUNOS AUTORES

La cola podría ser:
a) *un instrumento de señalización para fines sexuales o sociales, ya que cubre o descubre la zona ano-genital, escondiéndola o mostrándola a los otros para estimular la atención;*
b) *un instrumento de señalización del «rango social» del individuo en el contexto del grupo-camada, ya que la intensidad y la amplitud del movimiento pueden indicar el grado de control de la emotividad del animal.*

Heart Pounding Gem of Chestnut Creek. *Cría y propiedad de B. Landolt*

sión. Es un hecho que tal comportamiento se manifiesta ya en el cachorro cuando está mamando o cuando hay competencia con los hermanos. Mediante el movimiento de la cola el perro puede señalar su presencia, puesto que al moverla esparce a su alrededor la propia señal olfativa que, como veremos más adelante, es otro sistema de comunicación muy importante.

Por otra parte, mover la cola esperando un juego o una recompensa es un signo de tipo infantil que el perro adulto mantiene con sus similares y con el hombre.

QUÉ PERCIBE EL PERRO

Algunos autores están convencidos de que el perro «percibe» si una persona es amiga o si tiene miedo, etc. En realidad el animal puede mostrar que ha percibido los mensajes transmitidos por el hombre con la posición que adopta con el cuerpo, aunque se trate únicamente de una actitud relajada.

¿Qué dice el perro cuando «habla»?

Los mensajes acústicos y las «vocalizaciones» son usados en gran medida por el perro para comunicarse a distancias considerables. Todos habremos tenido la ocasión de oír los «conciertos» a varias voces que se desencadenan a horas intempestivas cuando, en mitad de nuestro merecido descanso nocturno, todos los perros del vecindario se comunican entre sí que han oído un ruido sospechoso por los alrededores o, simplemente, que en aquel momento está pasando alguien por delante de una verja.

Sin duda, también habremos comprobado el «lenguaje furioso» de algunos perros cuando advierten a su propietario que alguien se está acercando a la puerta de casa, hecho por otro lado muy natural habida cuenta del sistema de defensa del territorio por parte del animal, y que puede resultar molesto para los vecinos o incluso para el propio dueño.

Y, sin embargo, este es uno de los objetivos de la comunicación acústica: alertar de un peligro al grupo, de forma que se pueda preparar inmediatamente para la defensa.

Con la voz el perro transmite otros mensajes, distintos según el tipo de voz utilizado: el cachorro indica a su madre, con gañidos de lamento, que tiene frío, hambre, o que necesita cuidados; el adulto ladrando comunica al compañero la presencia de un peligro o de una presa; el macho da a conocer a la hembra su «ardor amoroso», con toda una variedad de sonidos.

Cómo comunicarse con el perro mediante palabras

Una opinión muy corriente entre muchos propietarios es que el perro «entiende» el significado de las palabras e incluso de explicaciones complejas, hasta el punto de que se puede dialogar con él, tanto si se trata de premiarlo como si se trata de reñirlo por un comportamiento negativo. En realidad, lo único cierto es que el perro aprende a asociar una determinada señal nuestra con un comportamiento suyo y nuestra respuesta a este último. Por ejemplo: puede asociar la palabra «ven» con el acto de acercarse a nosotros y recibir como premio una golosina que a él le gusta; o la palabra «sentado» con el hecho de sentarse delante nuestro para recibir inmediatamente una caricia acompañada de un «¡bien!»; o también la palabra «¡fuera!» con su intento de subirse a nuestro sofá preferido, seguida de un «¡no!» seco de desaprobación.

A través de estas asociaciones se produce un «aprendizaje por condicionamiento», es decir; que el perro aprende la relación entre una cierta señal acústica, un comportamiento suyo de respuesta y el consiguiente resultado, especialmente si se trata de un premio.

La palabra-señal correspondiente a cada mensaje que queremos transmi-

El movimiento del cuerpo y de la cola forma parte del lenguaje canino (foto Scarpellini)

tirle puede ser de cualquier tipo. Lo importante es que para cada mensaje se use siempre la misma palabra, pronunciada con el mismo tono de voz y acompañada de los mismos gestos, ya que de lo contrario nuestro amigo «se confundirá». ¡No podemos esperar de él que obedezca a distintas señales, aunque signifiquen la misma cosa!

Cuando el perro ladra sin motivo

A menudo ocurre que nuestro amigo ntenta, literalmente, «volvernos

sordos» con sus insistentes ladridos. Esto motiva los comentarios de propietarios desesperados que afirman no saber qué hacer o qué decirle para que cese de ladrar. Si tenemos en cuenta que ladrar es precisamente un sistema de comunicación, la consecuencia lógica es que nuestra atención e inmediata respuesta al mensaje no sólo no lo inhiban, sino que lo incrementen. El propietario es quien tiene que juzgar cuáles son los ladridos correctos y cuáles son los que molestan, y prestar atención a los primeros e ignorar los segundos, de manera que el animal sepa distinguir cuándo es aceptado su sistema de

59

Greta: *hija de* Dora Doll Des Gueguis *y* Allenies Chancellor. *Propiedad de G. Paraporti*

comunicación y cuándo no lo es. Por ejemplo: si ladra insistentemente después de habernos traído la pelotita, no creamos que jugando con él le haremos callar, porque la próxima vez que nos la traiga volverá a ladrar de nuevo. En cambio, si le enseñamos a obedecer una orden que le haga estar en silencio, ¡entonces sí podremos tirarle la pelotita para hacerle jugar

Las señales olfativas y la demarcación del territorio

«¿Por qué hacen pipí siempre?» Sin duda habremos notado que, durante el paseo cotidiano, sobre todo si tenemos un perro macho, si hay otros perros machos o hembras en celo, y especialmente si nos encontramos en un lugar que no es el habitual, el ani-

Grupo homogéneo de ejemplares del Criadero Chestnut Creek de Barbara Landolt, en espera de presentarse en una exposición

mal se apresura a marcar con orina todos los objetos verticales de los alrededores: árboles, ruedas de automóviles, esquinas de los edificios, etc. De esta manera nuestro perro «indica» a los otros que en aquel lugar está él y que, si se presenta la ocasión, no rechaza la posibilidad de acoplarse con las hembras disponibles.

El mensaje olfativo se basa en la emisión de olores a través de la orina, heces, saliva y directamente mediante unas glándulas que sirven precisamente para esta función. En los períodos de celo se emiten las llamadas *feromonas,* que son unas secreciones de olor particular que indican, y son recibidas como tal, la disponibilidad para el acoplamiento. La demarcación del territorio es más intensa por parte de los animales «dominantes», para predominar por encima de los «sometidos», sobre todo los del mismo sexo. Este comportamiento se reduce parcialmente con la castración.

Otra forma de «marcar el territorio» puede consistir en excavar agujeros en el terreno.

Cuando el perro «ensucia» en casa

Este molesto comportamiento es característico del cachorro que acaba de ser introducido en el ambiente de una nueva casa, y va disminuyendo progresivamente hasta desaparecer, en el momento en que al ser educado correctamente por el amo, el animal «aprende» que tiene que hacer «sus necesidades» fuera de casa. Si el perro persiste en este comportamiento puede ser síntoma de un estado patológico (el perro está enfermo y no es capaz de contenerse), de una educación inadecuada, o también de varias formas de «trastorno comportamental», como por ejemplo el «síndrome de abandono», en el caso del perro que sólo ensucia dentro de casa cuando se le deja solo. Un caso muy particular es la «micción por sumisión», que consiste en la emisión por parte del perro de pequeñas o no tan pequeñas cantidades de orina. Esto puede ocurrir, por ejemplo, a nuestro regreso, después de haber estado solo durante una parte del día más o menos larga, cuando se le reprende, aunque sea simplemente con la voz,

El juego (foto Scarpellini)

ALGUNAS REGLAS DE COMUNICACIÓN CON EL PERRO

• *El perro es un animal «social»: sus comportamientos están determinados tanto por sus características de especie y de raza, como por el ambiente en el que vive desde cachorro hasta que es adulto. Por lo tanto, para llevar a cabo una correcta educación con el fin de obtener un animal equilibrado y no neurótico, es importante empezar a comunicarse con él y a comprender los mensajes que nos quiere transmitir desde que es un cachorro, porque es, sobre todo en el primer período de vida, cuando tiene la máxima capacidad de aprendizaje.*

• *Si quiere «someter» al cachorro o al adulto (siempre que antes haya establecido su «superioridad» en su relación con él), cójalo por el «cogote», como hace la hembra con sus cachorros.*

• *Mirar directamente a los ojos del perro es señal de «desafío».*

• *Algunos estímulos particulares, como sombreros, uniformes, monos de trabajo o una indumentaria distinta de la normal, como la bata del veterinario, pueden provocar reacciones de huida o, quizá, de agresividad en el perro que no está acostumbrado.*

• *A veces el perro puede reaccionar de forma negativa incluso a estímulos, en principio, neutros, al menos a nuestros ojos. En general, esto sucede porque el animal asocia tales estímulos a experiencias negativas o traumáticas anteriores.*

• *No hay que acercarse a un perro extraño con los brazos levantados, gesticulando exageradamente o golpeando con los pies en el suelo.*

• *Cada «orden» de obediencia debe ser dada con un mensaje acústico y visual siempre igual. Es importante que, si el perro es criado y controlado por varios miembros de la familia, todos den señales iguales y todos tengan las mismas reacciones frente a su actitud.*

• *Los premios o regaños (¡nunca castigos demasiado violentos!) pueden ser eficaces sólo si se realizan inmediatamente después de la acción del animal, no al cabo de varias horas o de algunos minutos.*

• *La comunicación entre el niño y el perro acostumbra a ser muy inmediata y recíprocamente válida. Sin embargo, conviene controlar, sobre todo al principio, los acercamientos entre ambos para evitar desagradables malentendidos entre ellos.*

) cuando está especialmente agitado. Este fenómeno de naturaleza emotiva no se resuelve casi nunca con sistemas punitivos. Tanto en los casos precedentes como en todos los otros problemas de comportamiento resulta fundamental identificar y comprender las causas que los han determinado. Una vez excluida la posibilidad de que el problema dependa de una enfermedad orgánica se puede aplicar un método adecuado para modificar la conducta de manera duradera y definitiva.

La reproducción

por Luigi Guidobono Cavalchini
y Carla Cristofalo

El acoplamiento

La elección del acoplamiento más idóneo debe realizarse con mucha atención y con unos conocimientos específicos, adquiridos mediante una adecuada preparación y basados en la experiencia.

Si no se está suficientemente preparado lo mejor es dejarse aconsejar por un criador experto y acreditado, ya que no sólo se tienen que valorar los ejemplares individualmente, sino que además hay que conocer las genealogías y los resultados de anteriores acoplamientos.

Los reproductores ante todo tienen que estar sanos y no deben transmitir anomalías hereditarias (displasia de cadera, criptorquidia, ectropión, entropión, sordera, ceguera, atrofia progresiva de retina y otras). Por otro lado, han de presentar unas características morfológicas correctas y un carácter leal y bien equilibrado.

La gestación, el parto y, sobre todo, la cría y el destete de los cachorros, puede ser una experiencia emocionante y muy gratificante, pero también requiere sacrificio y disponibilidad de tiempo y de un lugar adecuado. Además, hay que prever a quién o a través de qué canales se cederán los cachorros una vez destetados.

El perro es una especie monoéstrica en la que el celo y la ovulación se manifiestan cada seis meses, pero con una amplia variabilidad (5-12 meses), que depende tanto del ejemplar como del ritmo estacional. Los cánidos salvajes, generalmente, tienen un período de celo al año.

CÓMO IDENTIFICAR EL PERÍODO DE CELO

• *Tiene una duración media de unas tres semanas, aunque existen notables variaciones individuales.*

• *El comportamiento de la hembra cambia: se muestra inquieta e irascible con frecuentes e imprevisibles intentos de fuga y de superación de obstáculos, en busca del macho.*

• *Juega con otros perros, tanto machos como hembras, e incluso con su amo, con actitudes propias de la monta.*

• *Orina con mucha frecuencia pero sólo pocas gotas cada vez y, a menudo, lo hace alzando una de las patas traseras como un macho.*

• *La vulva aumenta de tamaño y la perra se lame con frecuencia.*

• *Tiene ligeras pérdidas vaginales de sangre durante los primeros 9 a 10 días.*

• *Entre el 10.º y el 14.º día, tiene lugar la ovulación y la hembra acepta al macho.*

• *A pesar de todo, existen grandes variables individuales.*

El primer celo aparece normalmente entre los ocho y los doce meses, pero se aconseja hacer acoplar a la perra a partir del segundo o tercer celo, ya que el organismo, a menudo, no ha completado todavía el crecimiento, y una gestación podría comprometer desarrollo corporal normal.

Los períodos de celo se manifiestan durante toda la vida de la hembra, que no presenta menopausia y, por tanto, no cesa con la vejez.

Una buena norma a seguir es no dejar acoplar a la perra en cada celo, sino hacerlo en celos alternos, para dejar tiempo suficiente entre una gestación y otra. A partir de los siete-ocho años es aconsejable no dejar que las hembras sean acopladas. Los distintos momentos fisiológicos del ciclo reproductivo están influenciados por complejos cambios hormonales.

La hembra acepta al macho exclusivamente durante el período de celo, y generalmente entre el 10.º y el 14.º día, aunque hay hembras que lo aceptan durante más días, y otras que sólo lo hacen durante un breve período, que puede oscilar entre un día o incluso menos tiempo. Una vez producida la fecundación, la hembra ya no suele aceptar al macho. Es posible averiguar cuál es el mejor período para el acoplamiento mediante el examen microscópico de una muestra del frotis vaginal o con el análisis de la progesterona hemática.

Los machos también alcanzan la madurez sexual entre los ocho y los doce meses, pero es aconsejable no hacerlos acoplar hasta pasado el año. El olor que emanan las hembras les atrae, y son capaces de percibirlo a gran distancia.

El macho es fecundo durante toda la vida si se mantiene en actividad, pero si no ha montado antes de los cuatro o cinco años, difícilmente se podrá reproducir.

Un macho amarillo y una hembra negra se pueden acoplar: el color de los cachorros dependerá del patrimonio genético de los padres (foto Steiner)

Cómo se produce el acoplamiento

Generalmente es el macho el que es llevado a la hembra durante el período en que esta se deja montar. También se puede descubrir el mejor momento para la monta, sin el recurso a los ya citados métodos de laboratorio, observando el comportamiento de la hembra que, cuando acepta al macho desplaza la cola hacia un lado, especialmente cuando nota algún contacto en el lomo. Se dan casos de hembras que se comportan con tranquilidad incluso ante machos desconocidos, y otras que son más nerviosas y necesitan cierto tiempo para las «presentaciones». La fase preliminar se caracteriza por unos juegos rituales de galanteo. Los dos perros se olisquean y se lamen hasta que la hembra deja que el macho se suba a su grupa (monta) y permite la unión (cópula). En algunos casos la hembra no acepta al macho y lo rechaza, a veces de forma incluso enérgica y agresiva. El motivo de ello puede ser la elección errónea del período, pero a veces puede deberse a un comportamiento anómalo de la hembra.

Cuatro cachorros de pocos días diferenciados con cintas de colores. Propiedad del Criadero Chestnut Creek

¿PUEDE REPERCUTIR EN LAS CAMADAS FUTURAS UN ACOPLAMIENTO INDESEADO?

Esta teoría, que recibe el nombre de telegonía, era sostenida a principios de siglo, pero hoy en día ha quedado totalmente descartada gracias a los conocimientos biológicos modernos. Según esta teoría, una perra que por desgracia se hubiera dejado «seducir» por un mestizo, experimentaría consecuencias negativas incluso en las camadas sucesivas. No hay motivo de preocupación: cada período de gestación y sus correspondientes camadas están influenciadas única y exclusivamente por los progenitores de aquel acoplamiento en concreto. Sin embargo, todavía hay quien cree en la telegonía.

En los perros jóvenes puede ocurrir que el macho tenga que ser ayudado y la hembra sujetada, aunque siempre es mejor que los dos perros tengan tiempo suficiente para una monta natural. Durante la monta se produce la erección del pene, que penetra en la vagina. Al cabo de poco el macho se baja de la grupa de su compañera y, gracias a una particularidad anatómica, se gira sin poderse separar. El pene se dobla unos 180° y los dos perros permanecen cola contra cola durante 15 o 20 minutos, aunque este período puede variar oscilando entre 5 y 45 minutos.

Durante esta segunda fase se produce la eyaculación del líquido prostático. A continuación, disminuye el volumen del pene y los dos perros se separan. Es importante no provocar una separación violenta que podría ocasionar lesiones en los órganos

¿PUEDE SER UNA MISMA CAMADA HIJA DE VARIOS PADRES?

Existe la posibilidad de que una perra pueda ser fecundada por dos o más sementales en el transcurso del mismo celo. De hecho, fisiológicamente es posible que algunos óvulos sean fecundados por los espermatozoides de un macho y otros óvulos por los de otro macho. Este fenómeno puede ocurrir porque el tiempo de permanencia de los espermatozoides vivos y viables en el aparato genital femenino es bastante prolongado. Sin embargo es un hecho bastante raro y, en cualquier caso, cada óvulo único puede ser fecundado por un solo espermatozoide. Por tanto, después del acoplamiento hay que controlar a la hembra para evitar encuentros no deseables.

¿PUEDEN PERJUDICAR LA GESTACIÓN VARIOS ACOPLAMIENTOS DISTANCIADOS?

Hay quien cree erróneamente que si una hembra ha sido montada varias veces con cierto intervalo de tiempo, puede haber óvulos fecundados en tiempos distintos. Esto provocaría el nacimiento de algunos cachorros dentro del plazo normal y el de otros cachorros prematuros. Tal creencia no tiene fundamentos biológicos, ya que la ovulación está provocada por estímulos hormonales muy precisos y se produce en un período de tiempo muy breve. En los cánidos salvajes es normal que los acoplamientos se repitan varias veces mientras la hembra acepta al macho, y no hay razón alguna para que esto pueda perjudicar la gestación normal de nuestros perros. Por lo tanto, repitiendo el acoplamiento al cabo de entre 24 y 48 horas, aumentan las probabilidades de fecundación.

genitales. Para que esto no ocurra es necesario que dos personas asistan a la monta y estén preparadas para retener a los dos perros y evitar así una separación brusca.

Se aconseja que los perros efectúen dos o tres acoplamientos, con intervalos de 24 a 48 horas uno del otro. Cuando no se logra hacer acoplar a los dos perros, se puede recurrir a la inseminación artificial.

La gestación

Dura una media de 60 a 63 días, con notables variaciones, ya que no se sabe el momento en que se produce la fecundación de los óvulos, porque los espermatozoides permanecen vivos y viables en el interior del aparato genital de la hembra durante un período de tiempo bastante largo. Ha habido casos en que la duración de la gestación ha oscilado entre 57 y 72 días a partir de la fecha de los acoplamientos. Es conveniente anotar las fechas de cada acoplamiento. En lo que se refiere a los cambios hormonales, se ha obtenido como dato más constante el período que transcurre entre el momento de máxima emisión de LH (hormonas luteinizantes), que se produce unos dos días antes de la ovulación, y el parto. Este período tiene una duración de entre 64 y 66 días. En la especie canina la fecundación del óvulo no se produce inmediatamente después de la ovulación, sino que la célula del óvulo necesita un período de maduración de dos o tres días. Durante el primer mes de la gestación la hembra no muestra signos particulares; pero ya en el segundo mes se hace patente un aumento progresivo de volumen del abdomen.

La perra gestante necesita hacer ejercicio físico adecuado con al menos un paseo diario, en el que se

DIAGNÓSTICO DE GRAVIDEZ

• *Se efectúa entre el 20.º y el 25.º día después del acoplamiento, con la palpación abdominal. El margen de error es bastante elevado y depende del volumen del animal, de la gordura y de la palpabilidad del abdomen.*

• *A partir de los 20-25 días después del acoplamiento se pueden observar mediante ecografías, las formaciones embrionales y captar los latidos de los fetos.*

• *Al cabo de 46-50 días a partir del acoplamiento se pueden comprobar los núcleos de osificación de los fetos mediante radiografías.*

• *No existen pruebas rápidas, como ocurre en otras especies.*

deben evitar esfuerzos excesivos y saltos. Durante el segundo mes la dieta debe ser mejorada. Esta se repartirá en dos tomas, pero evitando que la perra engorde. Una semana antes del esperado acontecimiento hay que preparar en un lugar apartado y tranquilo una caja para el parto.

El parto

Cuando se acerca el final de la gestación, la hembra se muestra inquieta, excava e intenta construir un «nido». El día antes no come, y en las 12-24 horas precedentes su temperatura rectal disminuye un grado. Así pues, es conveniente tomarle la temperatura durante algunos días, siempre a la misma hora, y anotar los datos.

Es importante que la perra sepa dónde tiene que parir. En un lugar apartado pero familiar, debe tener una caja para el parto, generalmente de madera, de dimensiones que varían según el tamaño del animal, pero que para un perro de talla pequeña son de 100×80 cm, con largueros de 40-50 cm de altura y una protección lateral colocada a unos 20 cm para evitar que la madre pueda aplastar a los cachorros.

En el fondo se puede colocar moqueta, que deberá cambiarse con frecuencia. En invierno, si la temperatura es muy fría, es conveniente instalar una lámpara de rayos infrarrojos encima de la caja, pero procurando que no caliente en exceso.

Durante el parto tiene que dejarse a la perra lo más tranquila posible, y por regla general todo transcurre sin intervención del hombre, sin embargo es preferible tenerla bajo control. Los cachorros normalmente se presentan de cabeza, con las extremidades anteriores extendidas hacia delante, aunque a veces se da la posición podal, que no comporta complicaciones en el parto. En cambio, si aparecen sólo una o dos patas, o la cabeza, el nacimiento será difícil. No hay que efectuar ninguna tracción, ya que los tejidos son todavía muy delicados y podrían desgarrarse. Bastará secundar con delicadeza los impulsos que la hembra realiza a intervalos regulares. En el primer parto puede haber alguna dificultad con el primer cachorro, sobre todo si la perra tiene más de tres años, y puede llegar a necesitar hasta una hora.

Cada cachorro llega envuelto en una bolsa transparente (bolsa amniótica), que inmediatamente después del parto la perra rompe (si no se ha roto durante el parto) e ingiere. Luego, el cachorro es estimulado a respirar por la madre, que lo lame intensamente después de haber roto con los dientes el cordón umbilical, masticándolo insistentemente a la altura del abdomen. A continuación lo empuja con decisión a las mamas más cercanas. La placenta puede ser expulsada unida al cordón umbilical o al cabo de cinco o diez minutos después de nacimiento de cada cachorro, entonces la madre se la come.

Los labradores pueden tener camadas muy numerosas: el promedio de la raza es de ocho cachorros. Propiedad del Criadero Casa Paraporti

Entre un cachorro y el siguiente generalmente transcurren entre dos y tres horas, especialmente entre el primero y el segundo; luego, normalmente, el tiempo se reduce. Si la perra está muy estresada, el último cachorro puede llegar a salir al cabo de 18 horas.

La duración del parto varía, en función del número de cachorros y de otros factores maternos, de cuatro a ocho horas, y se puede prolongar hasta 24 horas sin complicaciones. De todos modos, si transcurren más de ocho horas es aconsejable consultar al veterinario.

Durante el parto las pérdidas generalmente son abundantes, de color verde oscuro y con trazas rojizas. Su olor es intenso pero no putrefacto. Por el contrario, si aparecen amarillentas, purulentas o malolientes

71

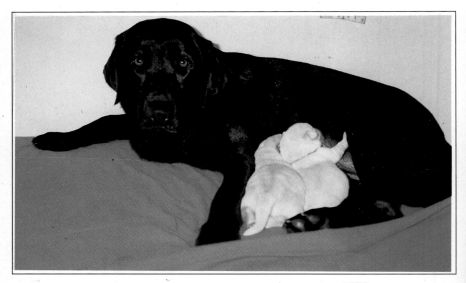

Una mamá negra con dos cachorros amarillos. Esto puede suceder incluso en el caso de que el padre sea de color negro (foto B. Landolt)

podría existir una infección en el útero, con grave peligro para la madre y para los pequeños. Las mencionadas pérdidas verdosas pueden aparecer también algunas horas antes del parto del primer cachorro, y se deben a la emisión de sangre estancada, producto de hematomas marginales consecuencia del desprendimiento de la placenta. En caso de dificultad se puede recurrir al parto por cesárea,

SE APROXIMA EL MOMENTO DEL PARTO

• *1-2 semanas antes las mamas aparecen tumefactas y puede iniciarse la secreción láctica, aunque también puede no producirse hasta el día antes del parto.*
• *2-3 días antes del parto la perra está más tranquila, tiende a aislarse y come menos.*
• *12-14 horas antes la temperatura rectal disminuye casi 1 °C. La musculatura pelviana y abdominal se relaja. La perra bebe pero no come.*
• *12-24 horas antes la respiración se acelera, la perra excava afanosamente, roe y destruye mantas o cosas similares: se prepara un «nido» para parir.*

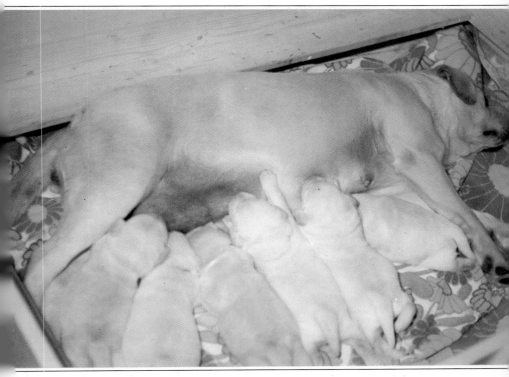

Seis cachorros mamando en su caja de parto. Propiedad del Criadero Scarpellini

que realiza el veterinario con anestesia general. En las 24 horas siguientes al parto hay que hacer que el veterinario visite a la perra, especialmente si se produce un aumento repentino de la temperatura.

Es importante comprobar asimismo que el útero siga el proceso involutivo normal. Durante los días que siguen al parto, el útero se retrae, y se expelen membranas y coágulos. Si este fenómeno se prolonga, tiene una intensidad excesiva o si se acusa un olor putrefacto, habrá que consultar al veterinario.

A causa del alto número de cachorros nacidos, algunos días después del parto puede aparecer una forma de tetania por carencia de calcio, ya que este último se acumula en la leche producida (eclampsia puerperal).

Tras el parto la hembra permanece durante mucho tiempo en la caja, y no es fácil alejarla de allí. Se ha de tener cuidado porque es particularmente agresiva con los extraños y con los otros perros, debido al instinto que le hace defender a su prole. La lactancia dura entre 40 y 50 días hasta el destete, pero ya desde el 20.º-25.º día se la puede ayudar con la alimentación artificial de los cachorros. Durante la lactancia hay que comprobar que los pezones no le duelan al tacto y que todos den leche.

La pseudogestación

Esta circunstancia es bastante frecuente y puede presentarse incluso en perras normales. Los síntomas aparecen a los dos meses del último celo y recuerdan a los que manifiesta una perra gestante normal: hambre, sed, tal vez vómito, intranquilidad y en algunos casos aumento del volumen abdominal. La lactancia aparece en el último período y comporta serios problemas de mastitis, desde el momento en que no hay cachorros para succionar la leche. La causa de esta patología parece ser que se debe a la producción anómala de progesterona hemática.

La elección del cachorro

Antes de decidir la compra de un labrador debe plantearse algunas preguntas fundamentales: ante todo, ¿conoce las características y las necesidades de un perro de esta talla y con este carácter en particular? Es importante escoger una determinada raza no únicamente por algún comentario que se haya oído al respecto o porque está de moda, sino porque esté realmente convencido de que es el perro adecuado para usted. En segundo lugar, ¿está dispuesto a sacrificar buena parte de su tiempo para dedicarse a su nuevo amigo? El labrador es un perro dócil y paciente, se adapta fácilmente a cualquier situación, pero necesita estar con su amo y que este le lleve a pasear al aire libre para desfogar su vitalidad natural. Se trata de un compromiso que, aunque sin duda es mayor cuando el perro es un cachorro, se mantiene durante toda la vida de su compañero.

Y por último, tercera cuestión, aunque no menos importante, ¿las personas que le rodean comparten su decisión? ¿Toda la familia se muestra a favor de adoptar un cachorro? No hay nada peor, para usted y para el perro, que vivir en una situación de compromiso forzado con los vecinos, con la portera o, peor aún, con sus familiares.

Una vez realizado este examen de conciencia, sin duda estará listo para acoger al pequeño retriever.

¿Dónde comprarlo? Teniendo en cuenta que es un animal que se con-

Grupo de perros del Criadero Chestnut Creek. Propiedad de B. Landolt

vertirá en nuestro compañero durante varios años, será importante dejarse asesorar por un experto. Por este
motivo, lo mejor será contactar con
uno o varios criadores y concertar
una entrevista.

Tanto si quiere un buen perro de
caza como si prefiere un perro para
presentar en las exposiciones, o bien
simplemente un fiel compañero, será
el criador quien mejor sepa aconsejarle en la elección.

DÓNDE ADQUIRIRLO

Antes de adquirir un cachorro es necesario documentarse a fondo sobre la raza y en ello puede ser de gran ayuda la información recibida de la sociedad especializada.

Para el labrador puede dirigirse a la Real Sociedad Central de Fomento de las Razas Caninas en España (c. Los Madrazo, 20-26, 28014 Madrid, tels. (91) 521 84 19, 522 24 00) donde le informarán de los criadores y de los clubes existentes en nuestro país.

En cuanto a la adquisición en tiendas de animales, es importante que sepa bien lo que quiere y conozca las características de la raza. Exija siempre el pedigrí y compruebe que lleva el sello de la FCI (Federación Cinófila Internacional). En caso de pedigríes extranjeros infórmese en la sociedad cinófila de su ciudad sobre si el certificado está reconocido también en España.

Exija la cartilla sanitaria de las vacunaciones y verifique el nombre y la firma del veterinario, así como el número de serie de la vacuna utilizada. Si el cachorro no le parece suficientemente despierto y sano no lo compre. Evitará así dramas futuros.

Una tierna cachorrilla del Criadero Scarpellini

La visita al criadero

Si el criadero que ha escogido no está demasiado lejos, puede efectuar una primera visita cuando los cachorros son aún pequeños. En esta ocasión no escogerá todavía a su perro, pero podrá ver a los padres (al menos a la madre y a veces al padre) o a otros ejemplares de su misma familia, verificar las condiciones higiénicas y el tipo de criadero: en general, el verdadero criador, serio y apasionado, selecciona una sola raza, o pocas en cualquier caso.

Es importante que los cachorros se críen en estrecho contacto con el hombre a fin de recibir el *imprinting* necesario; un buen criador general-mente no entrega a los pequeños hasta pasados dos meses o dos meses y medio desde el nacimiento.

Con ocasión de su visita, lo más importante será establecer una relación de mutua confianza con quien le venderá el perro y podrá ofrecerle a continuación todos los consejos necesarios para cualquier problema de alimentación, educación, adiestramiento, reproducción, etc. Tendrá ocasión de conocerle, pero sobre todo de darse a conocer, de forma que él mismo sepa aconsejarle sobre el perro más adecuado para usted.

Si tiene una familia con niños pequeños, escogerá para usted el cachorro más tranquilo y menos impetuoso; si es un apasionado caza-

Cachorros de dos meses asomados hacia el nuevo mundo por descubrir (foto B. Landolt)

MACHO O HEMBRA

En líneas generales los machos deberían ser más vivaces e impetuosos y, dado que poseen también una constitución más robusta, requieren con mayor frecuencia un amo de mano firme; en cambio, las hembras suelen ser más dulces y tranquilas. De todas formas, hay que tener en cuenta que existen excepciones: una hembra de temperamento expansivo puede ser incluso mucho más vivaz que un gran macho dócil y mimoso.

Si no le es posible controlar con quién se encuentra su perro es mejor comprar un macho; evitará así acoplamientos indeseados durante la época de celo; en cambio, si su jardín es inexpugnable para los enamorados machos que sin duda cortejarán a su perrita, una hembra podrá ser perfecta, bastará con poner un poco de atención para que no sea ella la que huya. Si sus vecinos también tienen perros tenga en cuenta que el labrador suele tener un buen carácter y tiende a jugar de buena gana con sus congéneres. El macho puede mostrarse agresivo con perros de su mismo sexo en presencia de hembras o bien por instinto de territorialidad, pero en cualquier caso se trata de una circunstancia muy poco frecuente.

En cuanto al trabajo, no existen grandes diferencias entre la capacidad de los machos y la de las hembras; no obstante, durante la época de celo, la hembra debe quedarse obligatoriamente en casa. Por lo tanto, si desea no interrumpir su actividad venatoria sin duda deberá optar por un macho. Lo mismo vale para la carrera de exposición: una hembra en celo puede no tener ningún problema en el ring, pero puede generar conflictos si se introduce en una exposición.

dor, le aconsejará en cambio el más emprendedor y vivaz; si en un futuro le gustaría utilizar a su perro para la reproducción le aconsejará la hembra más adecuada, etc.

Cuando por fin llegue el día decisivo, una vez delante de la camada se dará cuenta de que la elección no resulta nada fácil. Todos los pequeños le parecerán tan adorables que tendrá serias dificultades. Será, por tanto, el criador, que conoce a cada cachorro y, para su sorpresa, sabe distinguirlo quizá entre otros ocho, quien le explicará las cualidades y los defectos de cada uno.

En cualquier caso también usted puede elegir: si se ha decidido por una hembra, no mire a los machos, concéntrese sólo en las hembras;

Chill Wind *y* Chico. *Cría de B. Landolt*

puede pedir que pongan juntos los cachorros del mismo sexo y observarlos mientras juegan entre sí, puede pedir que le dejen cogerlos en brazos, hacerse seguir, verlos inmóviles y emplazados en posición de exposición, comprobar la dentadura y el manto.

Tenga en cuenta que no a todos los criadores les gusta que un extraño toque los cachorros; no obstante, es esencial establecer un contacto físico con el perro porque muchas veces la elección se efectúa de forma instintiva sin observaciones o razonamientos.

Un cachorro sano debe mostrarse vivaz, no apartarse ni renunciar al juego, debe tener un hermoso y denso manto, la mirada expresiva e inquieta y los ojos límpidos, sin lagrimeo excesivo o mucosidad acumulada en torno a los ojos. Las dimensiones no son demasiado importantes; incluso en una camada muy homogénea puede haber variaciones de uno o dos kilos de peso a la edad de dos meses sin que ello influya necesariamente en el desarrollo futuro. Sin embargo, hay que evitar adquirir el cachorro más pequeño si la diferencia de talla res-

Un cachorrillo de tres semanas (foto Steiner)

...pecto a los hermanos resulta excesi-va, en cuyo caso es probable que éste haya tenido problemas durante el crecimiento.

Es una opinión extendida que el cachorro más grande es también el más bello, lo cual no siempre es cierto. Un crecimiento demasiado rápido o excesivo respecto a la media, puede dar origen en algunos casos a ejemplares fuera de talla, exagerados.

81

Seis cachorros del Criadero Scarpellini al inicio del destete

Idis Ironpaw of Chestnut Creek. *Cría, propiedad y foto de B. Landolt*

Morfológicamente, el pequeño labrador debe ser compacto, con patas de osamenta robusta y pies bien desarrollados. El pecho debe ser profundo, la cabeza cuadrada con orejas no demasiado grandes. Los ojos a veces no tienen aún el color definitivo, pero en un cachorro de dos meses deberían ser ya suficientemente oscuros.

En cuanto al carácter, es muy importante que el cachorro no sea tímido, no le debe gruñir ni mucho menos intentar morderle si estira la mano para acariciarlo; al contrario, el cachorro de labrador debe venir a su encuentro moviendo la cola y no rebelarse si lo toma en brazos.

El instinto del retriever puede ser ya evidente en una tierna edad: en efecto, el pequeño labrador adora llevar de un lado a otro objetos de todo tipo y podrá verlo a menudo con juguetes, huesos, etc., en la boca.

A QUÉ EDAD ADQUIRIRLO

La mejor edad para llevar a casa el cachorro se sitúa entre los dos meses y los dos meses y medio. En efecto, en ese momento los cachorros están completamente destetados y han iniciado ya el programa básico de vacunaciones. Además, desde el punto de vista de la psicología canina, esta fase corresponde al período del imprinting, *en que el cachorro conoce el mundo y se habitúa a las distintas situaciones. Si un cachorro es llevado a su nueva casa demasiado tarde se corre el riesgo de que no se adapte con facilidad. Sin embargo, ello puede suceder si en el criadero no se le ha acostumbrado a un estrecho contacto con el hombre. En general, el criador se encarga de habituar a los cachorros a distintas situaciones que encontrarán en el futuro, a fin de conferirles un carácter equilibrado.*

Cachorrillo negro de un mes aproximadamente. Cría de Steiner

Hello Dolly of Tintagel Winds *a los dos meses y medio. Propiedad del Criadero Scarpellini*

Los cachorros deben probarlo todo (foto B. Landolt)

NEGRO, AMARILLO O CHOCOLATE

La elección del color del manto depende principalmente del gusto personal y de la disponibilidad del criador. En efecto, no siempre se logra hallar el cachorro del sexo y del color deseados. Prescindiendo del color chocolate, que es poco frecuente y buscado, los otros dos colores, sin duda más comunes, son muy hermosos. El manto negro es menos aconsejable para quien vive en regiones donde el clima es caluroso; en efecto, el negro atrae los rayos del sol mucho más que el amarillo.

Un labrador de manto negro brillante es sin duda uno de los animales más hermosos, pero también es cierto que un perro negro, como sucede también para otras razas, debe poseer un perfil perfecto para ser verdaderamente apreciado.

En cuanto al amarillo, puede ser más o menos intenso; deben considerarse defectuosos los mantos blancos o, al contrario, demasiado rojizos. No se ensucia más que el negro y al ser un carácter recesivo ha sido seleccionado voluntariamente por los criadores. Los perros de manto amarillo presentan más a menudo una pigmentación menos marcada de la trufa, que, en lugar de negra, puede ser marrón.

Delight of Dream of Chestnut Creek. *Cría, propiedad y foto de B. Landolt*

La cría

Criar un cachorro de labrador es sin duda una experiencia única; es cierto que requiere tiempo y esfuerzo, pero resulta sumamente gratificante.

La cría de un perro no consiste sólo en su alimentación: comprende la educación, el tratamiento de posibles enfermedades, el adiestramiento, el juego, los paseos, la relación con los extraños o con otros animales de la casa, etc. Se dará cuenta de cuántas cosas se pueden hacer con el perro y de cuántas veces este será capaz de satisfacerle, sobre todo desde el punto de vista emotivo.

Desde el momento en que el cachorro entre en su casa, sobre todo si nunca ha poseído un perro, su vida se revolucionará un poco, pero al mismo tiempo adquirirá aspectos nuevos, interesantes y estimulantes.

En cualquier caso, el aspecto afectivo será el más importante; en efecto, al adquirir un cachorro adquirirá un nuevo miembro de la familia.

En el momento de la compra el criador estará a su disposición para cualquier aclaración referente a la alimentación, los hábitos, la educación y los cuidados que debe prestar al cachorro. En caso de que no sea él quien lo haga, deberá asegurarse ante todo de que le entregue la cartilla sanitaria donde estarán indicadas las fechas de las desparasitaciones y de las primeras vacunaciones efectuadas, así como las fechas en que deberán repetirse dichas vacunaciones a cargo de usted. En la cartilla deberán indicarse claramente los datos de identificación del cachorro, incluido e

Un nuevo miembro de la familia (foto Scarpellini)

número de identificación y, junto a los cupones de las vacunaciones, la firma del veterinario que las ha realizado.

El cachorro debe estar ya identificado mediante tatuaje o microchip porque sin la clave de identificación no pueden inscribirse en el Libro de Orígenes. Algunos criadores poseen una sigla de criadero, mientras que para cualquier otro cachorro de raza, por ejemplo el criado por un particular, es obligatorio el número asignado por la RSCFRCE.

El nombre del perro podrá haber sido elegido ya por el criador, que en general llama a toda la camada con la misma inicial; en algunos casos se le permitirá llamar al perro como usted decida siguiendo siempre la regla de la inicial.

En cambio, para los cachorros comprados a particulares resultará más fácil poder escoger el nombre. Tenga en cuenta que sólo si el criador es titular de un afijo su perro tendrá un nombre y un apellido; en cualquier otro caso el perro tendrá un solo nombre. Para los perros adquiridos en el extranjero la praxis es distinta y depende del país de adquisición. De todas formas, en general, una vez recibido el pedigrí original, de un país afiliado a la FCI si este es aceptado por la RSCFRCE, podrá inscribir al perro en España.

En este caso, el pedigrí español se le entregará pasados unos meses, ya que se requiere un período de tiempo para el desarrollo de los trámites burocráticos.

También para los cachorros nacidos

El primer día en la nueva casa el cachorro podrá parecer un poco desorientado (foto Steiner)

y adquiridos en España son necesarios algunos meses antes de recibir el pedigrí. En efecto, en el momento de la compra el criador no ha inscrito todavía a los cachorros; ello se hará en una segunda fase, aunque antes de que transcurran seis meses desde el nacimiento. Asegúrese de todas formas de que le enseñen al menos las copias de los pedigrís del padre y de la madre.

El viaje

El día que vaya a recoger a su cachorro deberá advertir en primer lugar al criador a fin de que lo tenga en ayunas antes del viaje en coche. En cualquier caso, provéase de pañuelos de papel, periódicos o trapos, que serán muy útiles si el cachorro se encuentra mal. Llévese una cantimplora con agua fresca y una escudilla para darle de beber si hace calor.

No puede ir usted solo, es mejor que alguien conduzca para que usted pueda ocuparse del cachorro. Tenga en cuenta que es mucho mejor que el pequeño haga el viaje en sus brazos en lugar de chocar de un lado para otro en el maletero del coche. Es la primera vez que se encuentra solo, sin sus hermanos, en un ambiente nuevo, y su presencia sin duda le ayudará a serenarse. Una vez que se haya tranquilizado o incluso dormido puede colocarlo a sus pies, en la alfombrilla situada delante del asiento.

No tema mimarlo en exceso al llevarlo en brazos durante su primer viaje: cuando sea más grandecito y conozca qué significa viajar en coche podrá colocarlo donde quiera. Durante el viaje, sobre todo si dura más de dos horas, realice diferentes paradas para que el cachorro pueda ensuciar, pero evite dejarlo en lugares donde puedan haber estado otros perros. Un cachorro tan joven aún no está protegido contra las enfermedades infecciosas, ya que no puede haber terminado aún su programa de vacunaciones básico, por lo que corre el riesgo de contraer alguna enfermedad si entra en contacto con los virus del ambiente.

Además, si no tiene una traílla para sujetarlo, preste mucha atención a no dejarlo escapar.

No lo deje solo en el coche cuando

EL LABRADOR Y EL AUTOMÓVIL

El labrador muestra una buena disposición para viajar. Cuando está en el coche suele mostrarse tranquilo, no es uno de esos perros que tienden a saltar de un asiento al otro ladrando como loco. Sólo deberá tener un instante de paciencia para explicarle dónde debe estar y enseñarle que debe bajar sólo si se lo pide expresamente. Después de estas lecciones básicas, podrá afrontar incluso viajes largos sin ningún problema.

Cuando vaya de viaje acostúmbrese siempre a llevar una escudilla y agua fresca. En el coche, el perro podrá permanecer sobre una manta; si posee un coche familiar lo habituará a ir en el hueco posterior utilizado como portaequipajes; si no, deberá enseñarle a permanecer a los pies del asiento. El código de la Circulación prohíbe transportar animales sueltos y recomienda usar una red de protección para el conductor; por ello, evite al menos sentar al perro en el asiento delantero, ya que podría incurrir en alguna sanción.

Muy útiles, sobre todo si se posee más de un perro, son las cajas de viaje: se trata de jaulas de madera o metálicas que pueden colocarse en el maletero de los coches familiares. Si los animales están en las jaulas corren menos peligro en caso de accidente o de frenazos bruscos.

Una cachorrilla de tres meses del Criadero Scarpellini

se detenga, sobre todo si hace calor, y tenga la precaución de mantener la ventanilla siempre un poco bajada.

Si hay curvas o desvíos conduzca siempre a una velocidad moderada para evitar que vomite. Los cachorros, como los niños, son muy propensos al mareo.

La nueva casa

Antes de la llegada de su pequeño labrador deberá proceder a preparar lo que será su «reino», al menos en los primeros tiempos. Una habitación o un recinto donde dormirá y comerá; a ser posible el balcón si vive en un piso, o bien el lavadero.

Cherie y Dolly. *Propiedad del criadero Scarpellini*

EL LABRADOR Y LOS NIÑOS

En los países anglosajones labrador y golden retriever se consideran los perros de familia por excelencia. Esta preferencia se debe a que ambas razas son excepcionales con los niños. Su natural sociabilidad les lleva a jugar de buena gana con los cachorros bípedos y soportan pacientemente incluso juegos bastante pesados. Sin embargo, es preciso tener cuidado sobre todo con los cachorros crecidos porque a veces no se dan cuenta de su energía y tamaño, por lo que, sobre todo si los niños tienen menos de cinco años, el juego debe ser vigilado por un adulto.

Del mismo modo, cuando el cachorro es aún muy pequeño será necesario vigilar para que no sean los niños los que le hagan daño a él, tratándolo como un juguete.

SUS ENSERES

Compre en primer lugar dos escudillas de tamaño mediano, a ser posible de acero, que es más higiénico que otros materiales y no lo podrá roer. Una será para el agua, que deberá cambiarse a menudo, y otra para la comida. Es muy importante limpiar siempre las escudillas antes de su uso.

Collar y traílla son indispensables; para el cachorro no hace falta que compre los artículos más bonitos del mercado, ya que en pocos meses se le quedarán pequeños. Cuando el perro sea más grande podrá comprar la traílla y el collar definitivos de un buen material y acabado. Unos juguetes de goma y unos huesos de piel de búfalo servirán para mantenerlo ocupado y alejado de sus zapatos. Por último, será útil un cepillo suave para eliminar el pelo desprendido, un cortaúñas y un peine de púas anchas.

Sin duda el perro podrá moverse por toda la casa, pero es importante que desde los primeros días comprenda cuál es su lugar.

Coloque allí una cama o, si se encuentra en el exterior, una caseta. Es importante que su territorio esté delimitado; si pretende tenerlo fuera, en el jardín, podrá construir un recinto de forma que no pueda destruir prado, parterres, plantas, etc. No es un lugar donde relegar al perro, sino que podrá dejarlo allí cuando deba ausentarse durante unas horas o durante la noche cuando no pueda controlarlo. Inicialmente puede incluso ponerlo a dormir en una perrera artesanal hecha con una caja de car-

Pocas cosas son tan bellas como un cachorro de labrador (foto B. Landolt)

El labrador es un perro que se adapta a vivir tanto dentro de casa como en el jardín; posee un pelo denso y una extraordinaria resistencia al frío, por lo que si adquiere una perrera bien aislada del suelo, a ser posible de madera, podrá dormir fuera incluso en pleno invierno. Si por el contrario pretende tenerlo dentro de casa, podrá alojarlo en una habitación que no esté siempre caliente y adquirir una cama o un cojín de dimensiones adecuadas donde pueda dormir. Tenga en cuenta que su preferencia sería dormir con usted, pero si ello no es posible acostúmbrelo desde pequeño a su rincón y no habrá problemas.

Es obvio que a un cachorro de pocas semanas no se le puede dejar dormir en un lugar frío, como tal vez hacía cuando estaba en el criadero, ya que el calor de su madre y de sus hermanitos constituía una excelente calefacción natural. Si la compra de su perro se produce en los meses invernales, durante cierto período deberá tenerlo dentro de casa o en otro lugar con calefacción.

tón, o habituarlo a dormir sobre una manta que se convertirá en su cama la ponga donde la ponga.

Son indispensables las escudillas para agua y comida, de dimensiones medianas-grandes que sean adecuadas incluso cuando el perro crezca, y un collar con traílla. Otros accesorios útiles son un cepillo suave y algunos juguetes de goma sólida que no puedan destruirse ni tragarse.

Los primeros días en que el cachorro está en su nueva casa se le debe vigilar constantemente, y por ello es conveniente ir a recogerlo cuando se tenga la seguridad de tener un poco de tiempo libre para dedicarle.

ALGUNAS PRECAUCIONES

*Cuando el cachorro comience a moverse por la casa se deberán tomar algu-
nas precauciones importantes tanto para la seguridad de él como para proteger sus objetos decorativos. Ante todo deberá prestar atención a no dejar
a su alcance detergentes o frascos de medicamentos u otras sustancias tóxicas que puedan ser ingeridas por el cachorro; asimismo deberán retirarse
todas las plantas de interior. Todos los objetos decorativos y las alfombras
deberán guardarse durante unos meses hasta que su cachorro esté más educado. Por último, evite dejar a su alcance objetos de pequeñas dimensiones
que pueda ingerir.*

Caio, *cachorro de cinco meses del Criadero Casa Paraporti*

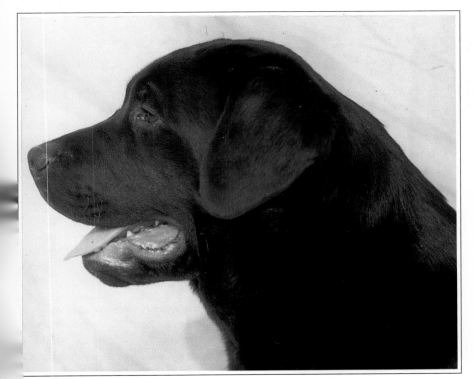

Escudillas de distintos tamaños

Todo ello porque si logra enseñarle desde los primeros días lo que puede y lo que no puede hacer él aprenderá con gran rapidez. Si, en cambio, no está presente para indicarle cómo debe comportarse, hará las cosas según su instinto y a menudo se equivocará, pero en ese caso no podrá enfadarse con él porque será sólo culpa de usted.

Comience enseñándole que no debe ensuciar en casa. En general los cachorros ensucian después de comer o cuando se despiertan. Así pues, en esos momentos deberá cogerlos y sacarlos donde quiera que aprendan a ensuciar y esperar con paciencia a que hayan hecho sus necesidades. En este momento deberá mostrarse contento y complacido y felicitarlo efusivamente para que comprendan que lo han hecho bien. Por el contrario, si los atrapa *in fraganti* haciendo pipí en casa, deberá reprenderlos con un «¡no!» seco pero sin insistir o enfadarse demasiado.

Además, es perfectamente inútil regañar al perro por una travesura que ha hecho en otro momento; él no comprenderá en absoluto el motivo de la regañina y sólo conseguirá que se vuelva más temeroso de usted.

Sobre todo al principio deberá ser indulgente y comprender que no es fácil para un cachorro de pocas semanas adaptarse a las exigencias de la especie humana con la cual deberá convivir.

Lo importante es que sea siempre coherente en sus decisiones y que toda la familia se comporte de la misma forma. Si no quiere que se suba a los sofás no se lo debe permitir nunca; si no quiere que mendigue cuando la familia está sentada a la mesa, se debe evitar darle trocitos de comida en ese momento, etc. Naturalmente, ello resulta válido para los primeros meses de educación; más tarde, cuando el perro haya comprendido bien qué es correcto y qué es incorrecto, se podrán hacer excepciones a la regla sin correr el riesgo de confundirlo.

Volviendo a los primeros tiempos en la nueva casa, podrá permitirle explorarla gradualmente, día a día, ampliando de forma progresiva su territorio conocido; sígalo en esta exploración a fin de evitar que, aunque sea involuntariamente, provoque desastres. La primera noche es siempre la más trágica, pero si durante el primer día el cachorro ha tenido ocasión de ambientarse, en general, no debería dar grandes problemas.

Como máximo, podrá tenerlo con usted una noche o dos para darle tiempo de habituarse a la nueva casa, pero por lo general no es necesario. Tan pronto como entienda dónde está su cama se refugiará en ella de buena gana cuando esté cansado.

Algunos cachorros durante la hora de la comida

Elliott *perfectamente a gusto (foto L. Navoni)*

La primera alimentación

El criador le indicará cuál es el alimento al que está habituado el cachorro y cuáles son los horarios de las comidas.

El cachorro necesita una alimentación completa y equilibrada sin carencias de vitaminas y minerales pero también sin excesos. Según su disponibilidad de tiempo y según sus preferencias podrá optar o por una alimentación casera, que tiene la ventaja de poderse controlar sobre todo en lo que se refiere a los ingredientes, aunque es más difícil de equilibrar, o bien por un alimento industrial ya preparado para cachorros, que sin duda es más cómodo, más equilibrado, pero menos genuino.

Los cachorros de labrador en general son muy voraces; por este motivo procure evitar los excesos. Raramente un cachorro engordará en exceso si está sobrealimentado, pero tenderá a crecer mucho más deprisa y a volverse excesivamente pesado para su sistema óseo todavía en vías de formación y consolidación. Es mucho mejor que un cachorro a los seis meses sea un poco más pequeño y ligero que la media que demasiado grande.

No se debe temer que, si no se le alimenta lo suficiente, el cachorro no llegue a ser un adulto de talla normal; simplemente lo hará ligeramente más tarde, pero correrá menos el riesgo de desarrollar patologías óseas o articulares típicas de las razas de rápido crecimiento.

En efecto, la tendencia actual, en parte impulsada por los fabricantes de alimentos para animales, es dar preferentemente más que menos comida, y por desgracia, ello tiene repercusiones negativas en el crecimiento armonioso de los cachorros.

Una golosina de premio dada en el momento adecuado puede ayudar en la educación del cachorro

EL PESO

Durante la época de crecimiento será conveniente mantener bajo control el peso del cachorro. El criador lo habrá hecho ya diariamente durante el primer mes de vida y luego dos o tres veces por semana durante el segundo. Después de los dos meses podrá pesarlo cada dos semanas y anotar las variaciones.

En general los cachorros crecen de los 700 gramos al kilo cada semana. Evite superar este ritmo de crecimiento. Presente al cachorro su escudilla y déjesela durante veinte minutos o media hora como máximo. Si pasado este tiempo no ha terminado su ración retire la escudilla. Es mejor habituarlo a comer a horarios determinados que tener siempre la comida disponible.

Dos ejemplares amarillos del Criadero Scarpellini

La actividad física

Para conseguir un adecuado desarrollo psicofísico su cachorro debería dedicar al juego varias horas al día. No obstante, este juego, al menos en los primeros seis meses, deberá controlarse necesariamente.

Se evitarán todos los juegos demasiado violentos, quizá con otros perros, las carreras desenfrenadas por los prados, las subidas y bajadas por las escaleras, etc.

Podrá habituarlo a jugar con usted lanzándole objetos a corta distancia para hacérselos cobrar o simulando con él luchas sin desplazamiento, pero es muy importante que hasta que no haya terminado su proceso de osificación se eviten todos los tipos de esfuerzo que resulten excesivos para el esqueleto y las articulaciones. Es decir, el cachorro debería reposar hasta los seis meses. Los paseos deberán ser rigurosamente de la traílla para evitar que se escape y se ponga a correr como un loco con otros perros.

Cachorros de un mes jugando (foto Steiner)

Por consiguiente, resulta válida esta regla: el ejercicio físico es necesario, pero debe ser siempre moderado; la musculatura debe desarrollarse pero ello no debe llevarse a cabo en perjuicio de otros órganos igualmente importantes para la locomoción. Una vez cumplido el año de edad se podrá empezar con un programa de entrenamiento más intenso para favorecer el desarrollo de la musculatura. Podrá llevar al perro con usted, por ejemplo utilizando la bicicleta; además, deberá hacerle nadar tan a menudo como sea posible para desarrollar los pectorales. Es importante jugar con el cachorro al menos en dos o tres ocasiones a lo largo del día. De esta forma, él mismo comenzará a distinguir los momentos en que debe estar tranquilo de los momentos en que puede divertirse; además, de esta forma, se cansará lo suficiente y evitará crear problemas cuando luego se le deje solo.

Por último, el juego, bien planteado, puede ser la base para el adiestramiento futuro de un perro.

LAS PRIMERAS SALIDAS

Hasta que el cachorro haya finalizado el programa de vacunaciones básico, que suele consistir en la inoculación de cuatro vacunas, no estará completamente protegido, por sus defensas inmunitarias, contra las enfermedades infecciosas. Por este motivo, hasta pasados unos quince días después de la última vacunación, es desaconsejable dejar que entre en contacto con otros perros o llevarlo a lugares frecuentados por otros animales. Si tiene la suerte de poseer un jardín vallado, su perro podrá salir tranquilamente; en cambio, si se ve obligado a sacarlo, déjelo justo el tiempo de hacer sus necesidades sin que pueda corretear libremente.

Cuando tenga la edad adecuada y esté correctamente vacunado podrá llevarlo a cualquier lugar sin ningún riesgo de enfermedad.

Sin duda su cachorro encontrará su rincón (foto Scarpellini)

Cuidados generales

El labrador es una raza rústica que necesita pocos cuidados particulares; una vez asegurados una alimentación equilibrada y movimiento suficiente, todo lo demás se limita a algunas atenciones para los órganos más delicados. El manto, incluso el de los ejemplares amarillos, posee la extraordinaria capacidad de mantenerse limpio de forma natural, ayudado quizá por los frecuentes baños que nuestro amigo gusta de tomar. Su textura le permite eliminar en cuestión de pocas horas cualquier tipo de suciedad o barro.

ACICALAMIENTO

El labrador no debe ser esquilado nunca, ni siquiera en verano. En efecto, su denso manto, con su impenetrable subpelo, representa una capa aislante incluso frente al calor. La única ocasión en la que se permite coger las tijeras es para acortar ligeramente el pelo de la cola de los ejemplares de exposición.

Para mantenerlo cuidado es necesario un baño de vez en cuando, pero con la menor frecuencia posible.

El juego del tiro de la cuerda

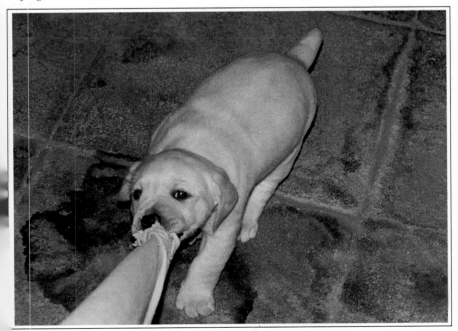

Una buena norma es habituar al perro a un breve cepillado diario para eliminar el pelo muerto. De esta forma evitará, al menos en parte, encontrarse pelos esparcidos por la casa. Si el perro se ha mojado puede secarlo con una toalla o una gamuza.

Para cepillarlo evite cepillos con púas de acero o de tipo cardador que tienden a arrancar y por tanto a aclarar el subpelo; podrá utilizar con este fin un cepillo de cerdas naturales y pasarlo por todo el cuerpo del perro siguiendo la dirección del pelo.

Hermoso ejemplar amarillo de expresión inteligente (foto B. Landolt)

Por último se puede pasar un paño de lana sobre el pelo a fin de dejarlo más brillante.

LA MUDA

El pelo del labrador está sujeto a una muda natural. En los períodos llamados de muda se produce una abundante caída del subpelo. La muda en general se manifiesta con la llegada del calor, en los ejemplares que viven al aire libre; en los perros que viven en un piso este ciclo puede ser alterado por la calefacción invernal.

La dentadura debe controlarse periódicamente para comprobar su limpieza; en el cachorro, además, es necesario prestar atención al cambio de los dientes de leche por los definitivos, porque en algunos casos se puede dar una dentadura doble (sobre todo en los colmillos) que obstaculiza la masticación. El paso de la dentición de leche a la definitiva comienza a los tres meses y medio y termina a los seis meses, cuando incluso los caninos definitivos han alcanzado su máxima longitud. En caso de que no caigan de forma espontánea, los dientes de leche deberán ser eliminados por el veterinario.

En cuanto a la limpieza, existen actualmente en el mercado dentífricos y cepillos de dientes para perros. No obstante, si la alimentación no es demasiado blanda, no es necesario intervenir todos los días; basta una vez por semana. En cualquier caso es importante que el cachorro se acostumbre a dejarse abrir la boca y tocar dientes y lengua.

Un problema frecuente, que se manifiesta sobre todo en el perro viejo, es la formación de sarro que, si es excesiva, puede causar gingivitis y mal aliento y, en los casos más graves, incluso pérdida de los dientes. En estos casos el veterinario deberá intervenir para eliminar el sarro.

Las uñas, sobre todo las de las patas delanteras que tienden a desgastarse menos, deben cortarse periódicamente. Para ello se requiere un cortaúñas de guillotina, especial para perros; la primera vez puede pedirle al veterinario que le explique cómo hacerlo porque de lo contrario corre el riesgo de cortar demasiado y de hacer sangrar la parte viva de la uña; a continuación podrá hacerlo tranquilamente usted solo. En cualquier caso, si comete un error, detenga la sangre con un producto hemostático normal y desinfecte la uña sangrante.

Los ojos no requieren cuidados particulares; basta limpiarlos con un algodón empapado en agua bórica en los ángulos, donde a veces se acumula un poco de mucosidad. Deben ser examinados por el veterinario si se presenta un lagrimeo excesivo o un enrojecimiento de la conjuntiva.

Las orejas, en cambio, representan un problema particular, ya que el labrador, como perro de orejas colgantes y, sobre todo, como perro amante del agua, es propenso a las otitis. El cuidado de las orejas consiste en una limpieza periódica utilizando productos adecuados que tienen la función de disolver la cera. Es mejor evitar el uso de bastoncillos recubiertos de algodón porque se corre el riesgo de empujar la suciedad hacia dentro.

Si se aplica un producto otológico, es suficiente dejar después que el perro se sacuda para alejar el contenido del conducto auditivo.

Si se observa que el perro sacude frecuentemente la cabeza, se rasca las orejas y desprende un olor desagradable será mejor llevarlo al veterinario.

La alimentación

por Luigi Guidobono Cavalchini
y Carla Cristofalo

Al igual que todos los animales, el perro necesita un aporte nutritivo constante y tiene que ser alimentado correctamente. La masticación del perro es bastante limitada y la deglución muy rápida. El alimento, especialmente el sólido, permanece en el estómago mucho tiempo (de 3 a 12 horas) antes de pasar al intestino, lugar donde se produce la asimilación de las sustancias nutritivas, que son transportadas a través de la sangre hasta los distintos tejidos que necesitan ser nutridos. Por sus características anatómicas, el aparato digestivo del perro permite ingestiones de comida abundantes y que pueda transcurrir un tiempo prolongado entre una comida y otra, ya que el estómago se vacía lentamente. El alimento en trozos grandes es preferible a la comida triturada.

Los perros son animales carnívoros, pero un largo proceso de adaptación y de convivencia con el hombre les ha permitido consumir también productos de origen no animal. Necesitan una dieta bastante concentrada, de alto valor nutritivo, pero variable según la raza, la edad, el estado fisiológico (mantenimiento, crecimiento, reproducción, lactancia) y el clima.

Para obtener los mejores resultados debemos alimentar a nuestros perros de forma que se les aporten cuantitativamente los principios nutritivos adecuados: proteínas, hidratos de carbono y grasas, además de vitaminas y minerales. La dieta debe ser equilibrada, es decir, que los distintos principios nutritivos tienen que encontrarse en la proporción justa, sin excesos ni carencias. Una alimentación óptima es indispensable para mantener al perro en buenas condiciones de salud, no excesivamente gordo ni tampoco flaco, y con un bonito pelo. Este aspecto es todavía más importante en la fase de crecimiento del cachorro, que requiere un cuidado y unas atenciones particulares. Para alimentar bien a nuestros perros es necesario saber el significado biológico de los distintos principios nutritivos y las fuentes que los aportan.

FRECUENCIA DE LAS COMIDAS DIARIAS

meses	1-3	4-7	8-18	18
comidas	4	3	2	1

Las hembras en el segundo mes de gestación y de amamantamiento harán de 2 a 3 comidas diarias.

EL PERRO GORDO

Observe los depósitos de grasa en la cruz, en el lomo y en los flancos para ver si su perro está gordo.
Péselo con regularidad y anote el peso.
Suprima rigurosamente el picoteo entre horas y los restos de nuestras comidas.
Resista a sus miradas suplicantes.
Aliméntelo con dietas especiales hipocalóricas, pero bien equilibradas y con los valores justos de proteínas y de suplementos vitamínicos y minerales.
Suminístrele alimentos húmedos y con la cantidad adecuada de fibra.
Déjele algún hueso artificial para que pueda roerlo.
Compruebe que no sufra patologías debidas a disfunciones hormonales y metabólicas.
Aumente el ejercicio.

La energía

El cuerpo necesita energía incluso durante los momentos de reposo. Los principios nutritivos son transportados a las distintas células del organismo en donde, gracias a la presencia de oxígeno, son transformados en energía. Durante este proceso de transformación se produce calor, que permite al perro mantener su propia temperatura corporal.

Cuanto mayor es la actividad de un animal, más elevada tiene que ser la cantidad de alimento que debe ser transformado en energía. Las exigencias de un cachorro son tres veces mayores que las de un adulto. El valor energético de un alimento generalmente se expresa en energía metabolizable (EM) y se mide en kilocalorías (kcal) o en megajulios (MJ). El aporte energético que proporcionan las grasas es aproximadamente el doble que el de los azúcares y las proteínas.

Normalmente, el exceso de energía se almacena en el cuerpo en forma de depósitos de grasa. En este sentido, es útil pesar al perro con cierta regularidad y anotar el peso para comprobar que este sea normal.

Los principios nutritivos

Hidratos de carbono o glúcidos: representan la fuente de energía necesaria para el trabajo muscular y para las distintas actividades del cuerpo. Pueden ser de estructura simple (fructosa, lactosa, etc.), o bien compleja, como el almidón. Ya sea en el cachorro o en el adulto, el exceso de sacarosa puede no ser bien tolerado y provocar diarrea, a causa de la poca cantidad de enzimas específicas que existen en el intestino del perro (sacarasas). Igualmente, el perro adulto puede digerir mal la leche por falta de lactasa.

El almidón es el alimento más importante para el perro, y lo encontramos en abundancia en los cerea-

A los labradores les gusta el agua pero también la nieve (foto L. Navoni)

les, como el trigo (pan), el maíz (harina de maíz, copos, etc.), arroz, etcétera. Para que sea bien digerido por el perro, el almidón tiene que estar bien cocido o haber recibido otro tipo de tratamiento.

La celulosa, la hemicelulosa y las fibras crudas en general, que están contenidas en muchos vegetales, no son digeridas por el perro. Por tanto, cuanto mayor es su contenido, menor es el valor energético. No obstante, un poco de fibra en la dieta, especialmente en los perros viejos o sedentarios, puede ser útil para no dejar que engorden y para regular el funcionamiento intestinal.

Grasas o lípidos: son esenciales para el organismo, en tanto que constituyentes de las células. Proporcionan al cuerpo energía y también calor. Las grasas que se encuentran en el organismo en forma de depósitos (subcutáneos, periviscerales, intramusculares) son la reserva energética a la que recurre el organismo cuando el aporte alimentario es insuficiente y actúan como aislante térmico.

Algunos compuestos de lípidos desempeñan importantes funciones como constituyentes celulares (fosfolípidos, glicolípidos) y como biorreguladores (colesterol, hormonas, vitaminas liposolubles, ácidos biliares). Están presentes en todos los alimentos y pueden ser de origen vegetal (aceites) o animal (tocino o grasa de cerdo). Son indispensables en la dieta.

Proteínas: son alimentos plásticos que intervienen en la construcción del organismo y sirven para la formación de células nuevas. En consecuencia, su papel es fundamental en la formación, mantenimiento y reparación de los músculos, de los huesos y de los órganos internos. Son particularmente necesarias durante el crecimiento del cachorro.

Pueden ser de origen animal, como las que contiene la carne, la leche, el pescado y los huevos, o de origen vegetal, que se encuentran en la soja, los guisantes, las judías, etc.

El valor biológico de las proteínas y su función depende de la proporción de los distintos *aminoácidos.* Puesto que no es posible el almacenamiento de aminoácidos, estos tienen que estar presentes en la dieta proteínica diaria.

Sales minerales: en función de la cantidad presente en el organismo se dividen en *macroelementos* (calcio, fósforo, azufre, sodio, potasio, magnesio) y *oligoelementos* (hierro, cobre, cinc, manganeso, yodo, selenio, cobalto, molibdeno).

Son constituyentes esenciales de los tejidos del organismo y su función es plástica y biorreguladora. Intervienen en muchos procesos químicos y desempeñan funciones de vital importancia como el mantenimiento de la presión osmótica y del equilibrio ácido básico de los líquidos corporales, la contracción muscular, la transmisión nerviosa, y la constitución de algunas enzimas y hormonas.

Participan también en la formación

Gladlab How Are you? (Chanel). *Propiedad del Criadero Casa Paraporti*

del esqueleto y por tanto son muy importantes para el animal en crecimiento.

Están contenidas en el polvo de huesos desecados, la leche, el queso, el pescado, la carne y en muchos vegetales. En la alimentación del perro es indispensable integrar sales minerales a la dieta, y también es importante mantener una proporción correcta entre algunas de ellas, como calcio-fósforo, hierro-cobre, etc.

Vitaminas: se dividen en *liposolubles* (A, D, E, K) e *hidrosolubles* (B_1, B_2, ácido pantoténico, ácido nicotínico, B_6, ácido fólico, H, B_{12}, colina, C). Son necesarias en cantidades muy pequeñas e intervienen en muchos procesos orgánicos esenciales. La carencia de una o más vitaminas puede provocar graves desequilibrios y disfunciones. Los excesos de algunas vitaminas también son perjudiciales y pueden cau-

109

sar graves problemas. Por lo general, las vitaminas son producidas por los organismos vegetales y están contenidas en el hígado, en los huevos, en el germen de los cereales, en la levadura, y en los aceites vegetales y animales. Algunas vitaminas pueden ser fácilmente destruidas por la luz o el calor, por lo cual se deben añadir siempre a la comida tibia pero no hirviendo. Por otra parte, existen algunos alimentos preparados que ya contienen vitaminas (especificadas en la etiqueta). La acumulación de vitaminas podría llegar a ser perjudicial.

Los alimentos

Carne: puede ser de vacuno, de pollo, o de otros animales. Se puede suministrar cruda o bien escaldada, según la calidad; la de cerdo debe servirse siempre cocida. El contenido proteínico y energético es distinto según la cantidad de hueso y la pro-

porción de grasa. La digestibilidad y el valor biológico son más altos cuanto mayor es el contenido de tejido muscular y, al contrario, disminuyen cuando hay una cantidad elevada de tendones, cartílagos y colágeno en general.

Detalle del manto «impermeable»

Los perros también digieren carne en proceso de putrefacción, gracias a la gran cantidad de jugos gástricos que son capaces de producir.
Despojos: están constituidos por vísceras, como el corazón, el hígado, la tripa, el bazo, etc. En general su contenido proteínico es inferior al de músculo, pero a los perros les gusta mucho. Son un excelente alimento especialmente para los cachorros y para los perros en edad de crecimiento. Conviene que se suministren previa ligera cocción.
Pescado: apetece más si está cocido. Es una excelente fuente de proteínas fáciles de digerir y de alto valor bio-

---

LA CARNE DEBE COCERSE

Cruda se digiere mejor, pero si no es fresca y de buena calidad es preferible hervirla o cocerla. En cualquier caso hay que cocerla poco. La de porcino se debe cocer bien siempre para evitar el peligro de transmisión de enfermedades (enfermedad de Aujesky y triquinosis).

Green Red and White of Tintagel Winds. *Propiedad de Scarpellini*

lógico. Es también rico en sales minerales y vitaminas. Se recomienda a perros en fase de crecimiento. También se puede suministrar pescado desecado, especialmente en invierno.

Huevos: constituyen un alimento ideal, rico en proteínas de elevado valor biológico, grasas y vitaminas. Son particularmente indicados para los cachorros, para los reproductores y durante la lactancia. Pueden sustituir parcialmente la carne y el pescado, y se pueden suministrar crudos.

Leche: es un excelente alimento que aporta proteínas de elevado valor biológico, grasas, vitaminas y minerales. Es uno de los principales alimentos del cachorro. Algunos perros adultos no la digieren bien por falta de lactasa, la enzima específica para la metabolización de la lactosa.

Tocino, grasas y aceite vegetal: son fuentes calóricas inmejorables, muy apreciadas por los perros, que tienden a comer más de lo necesario. Son útiles para el perro que trabaja y que realiza esfuerzos físicos, aunque una cierta cantidad es siempre necesaria. Es aconsejable añadir a la ración un poco de aceite de oliva o de semillas.

Arroz y pasta: son unas de las principales fuentes energéticas, ya que

111

son alimentos ricos en almidón. Para ser digeridos tienen que estar bien cocidos.

Pan seco: es una óptima fuente energética, que generalmente el perro come de buena gana. Debe estar bien seco y dejado al aire, nunca enmohecido, porque podría ser perjudicial.

Copos de cereales y arroz inflado: pueden sustituir al arroz, a la pasta y al pan como fuentes energéticas. Para ser bien digeridos por el perro deben haber recibido un tratamiento adecuado. Son alimentos muy voluminosos, y, por tanto, en la ración se debe tener en cuenta el peso y no su volumen.

LOS HUESOS

Les gustan mucho a los perros, sobre todo los que se pueden roer bien, como el de la rodilla. No obstante, hay que ir con cuidado porque, especialmente en perros viejos y sedentarios, pueden provocar estreñimiento o incluso oclusiones intestinales. Las astillas de hueso pueden causar perforaciones en el intestino. Concretamente se deben evitar los huesos de pollo y de conejo.

Verdura y fruta: su aporte nutritivo es escaso, pero su contenido de fibra cruda puede ser útil a los perros sedentarios que tienden a la obesidad o que sufren estreñimiento. Pue-

den sustituirse por algunas cucharadas de salvado.

Agua: debe estar siempre a disposición del perro.

DULCES Y CHOCOLATE

Los perros son golosos, tanto que resulta difícil comerse una chocolatina sin darles un trocito. Sin embargo, esto no es nada recomendable porque a menudo no es bien digerido y causa problemas. En las tiendas especializadas se venden unas galletas sustitutivas, de las cuales tampoco se puede abusar.

Los alimentos preparados

Hoy en día existe en el mercado una amplia gama de productos. Es importante aprender a conocer los distintos tipos para poder sacar el mejor partido de ellos.

Una lectura atenta de la etiqueta de cada producto nos proporcionar indicaciones de gran utilidad. S dividen en tres tipos:

Alimentos simples: diferentes productos de origen animal o vegeta (por ejemplo, arroz inflado).

Alimentos completos: mezclas de productos capaces de satisfacer la exigencias nutritivas del perro si que sea necesario añadir otros ali mentos o suplementos nutritivos.

Excelente ejemplar del Criadero Scarpellini

Alimentos complementarios: mezclas de productos que contienen cantidades elevadas de alguna sustancia por ejemplo, proteínas, minerales, etcétera), a los que deben añadirse otros alimentos para satisfacer las necesidades nutritivas del animal.

La calidad de un alimento preparado depende de las materias primas empleadas, de la formulación, de los tratamientos tecnológicos a los que se somete y de la forma de presentación (en copos, en tiras, en extrusión, expandido, hinchado, en galletas, etc.), así como de la conservación. En la etiqueta se indican las fechas de fabricación y de caducidad, las instrucciones para el uso y los componentes, que han de estar relacionados en orden decreciente de cantidad o de porcentaje en el contenido. También deben figurar los

113

datos analíticos que nos informan de los contenidos de los principios nutritivos contenidos (agua, proteínas brutas, grasas brutas, celulosa bruta, residuos). Además, se indica la proporción de vitaminas y minerales por cada kilo de alimento.

Los alimentos preparados permiten confeccionar una dieta basada en las necesidades reales del perro, con una proporción correcta de proteínas y energía, con un suplemento vitamínico y mineral completo, sin excesos ni carencias, como ocurre a menudo en la preparación casera de las raciones.

Prometedora cachorrilla del Criadero Scarpellini

El contenido analítico de un buen alimento completo para perros adultos debe tener las siguientes características:

— humedad máxima: 13 %
— proteínas animales: 22-25 %
— lípidos animales: 4-8 %

Alimentación del cachorro

Aproximadamente al 25.º día de vida se puede empezar a completar la alimentación materna con alguna comida sustitutiva, constituida por leche y una yema de huevo por cada 100 ml. A partir del 30.º día se inicia el destete propiamente dicho con una alimentación más seca. Un destete precoz beneficia a la madre y es muy útil en las camadas numerosas. Los cachorros se separan de la madre por períodos progresivamente más largos, y entre el 45.º y el 55.º día deben de ser ya destetados y alimentados sólo artificialmente. Al inicio del destete se añade a la leche de vaca un poco de carne picada o troceada, hasta que puede ser sustituida por homogeneizantes.

A continuación se pasa a una alimentación más seca constituida por: carne y/o pescado de buena calidad, arroz bien cocido y/o copos de cereales, leche, un poco de aceite de oliva, vitaminas y minerales.

La leche, la carne y el pescado tienen que predominar sobre los cereales, constituyendo el 80 % de la ración a los 40 días y el 60 % a los 60. Pro-

Cualquier ocasión es buena para jugar con el agua

gresivamente se aumenta la cantidad de cereales respecto a la carne. Esta última puede ser suministrada cruda si es de buena calidad, aunque es preferible cocerla un poco.

Una comida para un día puede consistir en pan bizcochado y leche.

Durante toda la etapa de crecimiento se puede dar una yema de huevo cruda tres o cuatro veces por semana. y queso sustituyendo parcialmente la carne. El suplemento vitamínico y mineral debe tener el contenido adecuado de calcio y de fósforo.

La salud y la higiene

*por Luigi Guidobono Cavalchini
y Carla Cristofalo*

Cuando se compra o se recibe como regalo un perro, ya sea cachorro o adulto, el primer instinto es acariciarlo para mostrarle nuestro afecto. Sin embargo, hay que recordar que en aquel preciso instante nos convertimos también en responsables de su estado de salud.

Las enfermedades y los peligros sanitarios en general son múltiples, y no debe pretender convertirse en veterinario improvisado.

Es una buena norma que el veterinario sea una persona experta y profesional que, del mismo modo que todas las familias tienen un médico de confianza, conozca al perro, lo vacune oportunamente e intervenga en caso de enfermedad. La relación de confianza entre el propietario del animal y el veterinario es fundamental para un correcto diagnóstico y la consiguiente terapia. En su ausencia, y en caso de extrema necesidad, podremos acudir a centros de urgencias, que nos atenderán incluso de noche.

Hoy en día, entre los veterinarios existen también especialistas oficialmente reconocidos en el tratamiento clínico de los animales de compañía. Es decir, hay expertos en áreas específicas, como cardiología, oftalmología, traumatología, homeopatía, oncología y otras especialidades. No obstante, es aconsejable que sea el propio veterinario quien recomiende el especialista que conviene visitar en cada caso.

Será usted quien pase la mayor parte del tiempo con nuestro amigo de cuatro patas y, por lo tanto, deberá observarlo con atención en los principales momentos del día: hora de la comida, de pasear, de jugar y de dormir.

EL PERRO SANO	
¿Qué hay que observar?	*¿Cómo debe ser?*
comportamiento	atento, vivaz, equilibrado
apetito	presente y adecuado, vigoroso
movimiento	coordinado, fluido, ágil
sueño	regular, no excesivo

Debe procurar captar las pequeñas diferencias comportamentales y generales sospechosas de un estado de malestar. En ciertos aspectos, el perro puede considerarse como un bebé que no tiene la posibilidad de expresar sus sensaciones verbalmente, sino que sólo puede hacerlo mediante comportamientos específicos y vocalizaciones particulares.

Veamos entonces los signos generales a los cuales se debe prestar atención y que, en caso de prolongarse, requieren la intervención del veterinario. Sería un error creer que conocemos todos los síntomas y enfermedades del perro, y que podemos curarlos nosotros mismos. Lo más importante es saber cuándo la situación exige la pronta intervención del veterinario y cuáles son los síntomas de las patologías graves.

SÍNTOMAS DE ENFERMEDAD GRAVE

- *Respiración y latido cardíaco lentos, acelerados, arrítmicos o superficiales.*
- *Temperatura corporal: baja (hipotermia) o alta (fiebre).*
- *Melena (presencia de sangre en las heces).*
- *Hematuria (presencia de sangre en la orina).*
- *Hematemesis (vómito con sangre).*
- *Rinorragia (hemorragia nasal).*

Existen algunos parámetros fisiológicos que se pueden tomar como referencia para valorar el estado de salud del perro. Será útil recordar que el perro

SÍNTOMAS GENERALES DE MALESTAR

- *Desgana*
- *Decaimiento*
- *Rechazo del juego*
- *Falta de apetito (anorexia)*
- *Vómito y/o diarrea persistentes*
- *Goteo nasal y conjuntival*
- *Sed y/o hambre injustificadas*
- *Adelgazamiento evidente*
- *Pelo opaco*

PARÁMETROS FISIOLÓGICOS DE REFERENCIA

parámetros	cachorro	adulto
temperatura corporal	38-39 °C	37,5-38,5 °C
frec. respiratoria (por min)[1]	20-22	14-20
pulsaciones cardíacas (por min)	100-130	60-120

[1]*Con temperatura externa elevada aumenta la frecuencia*

tiene que ser examinado en reposo, ya que el esfuerzo físico o la actividad motivada por el juego provocan la aceleración de la respiración y del ritmo cardíaco, o incluso un aumento de temperatura, sin que ello sea patológico.

Las enfermedades del perro

El perro puede padecer distintas enfermedades, muchas de las cuales son de origen específicamente infeccioso.

CÓMO MEDIR

La temperatura
Muchos propietarios sospechan que existe un aumento de temperatura al observar la trufa (extremo del hocico o nariz): si no está húmeda y fresca, piensan que el perro tiene fiebre. Esto no siempre es verdad. De todas formas, es mejor medir la temperatura rectal utilizando un termómetro veterinario o pediátrico, lubricado con aceite o vaselina. Levante la cola y, sujetando al perro, introdúzcale el termómetro con suavidad (2-3 cm) y espere unos tres minutos.

Las pulsaciones cardíacas
Se puede apoyar directamente la oreja en el tórax y percibir el latido cardíaco. También se pueden tomar las pulsaciones de la arteria femoral presionando con el pulgar la parte exterior de la pierna y, al mismo tiempo, con el índice y el dedo corazón, en la parte interior. De esta forma, la arteria será comprimida con suavidad contra el fémur y se podrá percibir el pulso.

La frecuencia respiratoria
Se observa el tórax calculando el número de acciones respiratorias por minuto, el ritmo y la amplitud.

119

Enfermedades orgánicas

Son aquellas patologías que afectan a un órgano específico. Son de distinta etiología y su evolución no es siempre igual, sino que cambia en cada caso. No siempre son contagiosas. Su desenlace depende directamente de la gravedad de los síntomas.

Enfermedades infecciosas

De origen vírico o bacteriano. Generalmente afectan a varios órganos, son contagiosas y a menudo letales. La curación depende de la gravedad de los síntomas y de la respuesta inmunitaria del perro. Se pueden prevenir con las vacunaciones.

EJEMPLOS DE ENFERMEDADES ORGÁNICAS

enfermedad	órgano afectado	enfermedad	órgano afectado
otitis	oído	cistitis	vegija
estomatitis	boca	prostatitis	próstata
bronquitis	bronquios	miositis	músculos
endometritis	útero	neuritis	nervios
nefritis	riñones		

PRINCIPALES ENFERMEDADES INFECCIOSAS

enfermedad	etiología	transmisión	profilaxis
moquillo	paramixovirus más bacterias	directa-indirecta muy contagiosa	vacunación
hepatitis infecciosa vírica	adenovirus	contacto directo contagiosa	vacunación
herpesvirus	herpesvirus	intrauterina contacto directo	vacunación
parvovirosis	parvovirus muy resistente	muy contagiosa	vacunación
tos de las perreras	adenovirus	muy contagiosa	vacunación
rabia	rabdovirus	contagio por mordedura	vacunación
leptospirosis (tifus)	leptospira (varias)	contagio oral	vacunación

Moquillo: afecta a perros de todas las edades. Tiene un período de incubación de tres a siete días. Un perro enfermo presenta secreciones nasales y oculares mucopurulentas; conjuntivitis con fotofobia; tos con complicaciones pulmonares hasta la broncopulmonía; gastroenteritis; temperatura muy alta (41 °C) en la primera fase de la enfermedad, pero casi normal durante el estado nervioso; daños irreversibles en el sistema nervioso (parálisis de las extremidades posteriores y tics nerviosos). Esta enfermedad es con frecuencia mortal.

Hepatitis infecciosa vírica: afecta a perros de todas las edades. Tiene un período de incubación de tres a nueve días. Sus síntomas son: aumento de la temperatura al inicio de la enfermedad; conjuntivitis serosa e iridociclitis; amigdalitis; aparición de pequeñas hemorragias en la piel de la superficie abdominal; dolor abdominal; opacidad corneal a partir de las primera-tercera semanas.

Herpesvirus: también afecta a los recién nacidos de forma casi siempre letal. En los cachorros pueden verse afectados varios órganos y se puede manifestar con diarrea, vómito, traqueítis y sintomatología nerviosa; en el adulto el síntoma más frecuente es una laringo-tráqueo-bronquitis acompañada de rinitis. También puede manifestarse en los órganos genitales en ambos sexos.

Parvovirosis: gastroenteritis hemorrágica; vómito; deshidratación; pérdida de peso; abatimiento; hipotermia; leucopenia. Existe una manifestación cardíaca que en los cachorros generalmente es mortal.

Tos de las perreras: laringo-tráqueo-bronquitis de evolución benigna con tos; se propaga rápidamente en las perreras y en las residencias caninas con concentraciones elevadas de perros.

Rabia: se transmite a través de la saliva de la mordedura de un animal infestado; afecta a muchos animales salvajes y domésticos; daña al sistema nervioso con parálisis progresiva; variaciones del comportamiento; en la manifestación «muda», parálisis progresiva de los músculos de la mandíbula, cuerdas vocales y otros músculos de la cabeza, con la consiguiente salivación abundante y afonía, incapacidad de deglutir y de beber; en la manifestación furiosa aparece un primer período de extrema irritabilidad seguido de un estado de hiperexcitación con abundante salivación y frecuentes aullidos; muerte por extensión de la parálisis; peligro de contagio para el hombre.

Leptospirosis: afecta a perros de todas las edades y a muchas otras especies, incluido el hombre; el ratón y la rata son las principales fuentes de contagio; presenta cuadros morbosos de diversa gravedad; puede aparecer nefritis, conjuntivitis, leve parálisis de las extremidades posteriores, gastritis con vómito, déficit cardiocirculatorio, ictericia, más raramente broncopulmonía; su evolución a menudo puede ser mortal.

Enfermedades parasitarias

Las enfermedades parasitarias están causadas por organismos unicelulares, como los cóccidos, o por otros más complejos, como los gusanos intestinales. Los parásitos conviven con el perro en una condición de equilibrio dinámico que, en casos de infestación extrema, puede provocar la muerte del animal. Al dañar los tejidos o privar al perro de los elementos nutritivos, se debilita enormemente y se hace también más vulnerable a las enfermedades infecciosas.

El contagio se produce generalmente por el contacto con huevos o larvas dispersadas en el ambiente por otros perros enfermos. Por tanto, un control constante del propio animal será beneficioso para su salud y para la de los demás, reduciendo la carga ambiental.

Algunos parásitos, a menudo huéspedes intermediarios, son peligrosos también para el hombre, como por ejemplo la tenia *Echinococcus*.

Las terapias, citadas de modo puramente indicativo, se aplican en función del parásito y del órgano afectado. Se deben seguir con atención las prescripciones del veterinario, ya que el fármaco también puede ser perjudicial para el perro.

Micosis

Son patologías provocadas por hongos, gérmenes y mohos microscópicos. Son contagiosas para el perro y para el hombre, sobre todo para los niños (tiña). Una correcta higiene ambiental y cutánea del perro reduce los riesgos de contagio. La mayor

SÍNTOMAS GENERALES DE LAS PARASITOSIS MÁS COMUNES

parásitos	síntomas	terapias
cutáneos	dermatitis superficiales, dermatitis profundas, caspa, pelo opaco, alopecia	polvos, baños, jabones, gotas, collares y otros
intestinales	adelgazamiento, diarrea, flatulencia, vómito ocasional, pelo opaco	productos diversos en comprimidos, pasta, gotas, jarabes
hemáticos	insuficiencia cardiocirculatoria, anemia grave	diversas y complejas
auriculares	otitis ceruminosa complicada	gotas para los oídos

parte de los casos son curables. Las formas más comunes se manifiestan con áreas alopécicas (pérdida de pelo).

Enfermedades congénitas

Son las que ya existen en el momento de nacer, y que están determinadas, por ejemplo, por causas genéticas o por carencias nutricionales de la perra. Pueden afectar a varios órganos, no son contagiosas y pueden o no ser compatibles con la vida del cachorro.

Enfermedades hereditarias

Son patologías causadas por genes particulares presentes en los progenitores y heredadas por el cachorro; pueden manifestarse ya en el nacimiento o bien más tarde. El perro podrá transmitir a su vez el defecto a sus cachorros.

Las más conocidas son la displasia de cadera, las enfermedades del ojo y la hemofilia.

Displasia de cadera: es una patología de la articulación coxofemoral, que en sus formas más graves provoca *cojera* más o menos evidente en las extremidades posteriores. La causa debe buscarse en una formación anómala del conjunto de la articulación, con la consiguiente *subluxación,* desgaste y erosión del cartílago. Con el tiempo su evolución genera procesos de *artrosis deformante.* A pesar de haber sido descubierto su origen genético,

todavía no ha sido aclarado el mecanismo de transmisión. En efecto, el estudio de las características hereditarias es de una gran complejidad. En ellas intervienen varios genes (carácter poligénico) y su efecto puede verse incrementado por las condiciones ambientales de la cría y el crecimiento. El comportamiento genético recesivo puede ocultar la presencia del carácter, que puede no aparecer en los progenitores y, en cambio, sí puede aparecer en los hijos. Hay razas que parecen tener más predisposición a la displasia que otras. La constitución anatómica, tanto ósea como muscular, juega con toda probabilidad un papel importante. La displasia se manifiesta con mayor facilidad en los ejemplares de crecimiento rápido. Actualmente, el examen radiológico de la articulación coxofemoral es el medio aceptado universalmente para identificar a los perros displásicos y a los portadores de anomalías de carácter leve. La radiografía debe ser realizada por un veterinario experto, con anestesia general que garantice la relajación muscular correcta y, por tanto, la posición dorso-ventral adecuada del perro.

Emergencias

Shock

Se produce un estado de *shock* cuando:
— existe una grave descompensación cardiocirculatoria;

— hay vasodilatación periférica;
— hay acumulación de sustancias tóxicas en los tejidos.

Causas
Fuertes traumatismos; hemorragias; reacciones anafilácticas; patologías cardíacas y neurológicas; toxicosis y deshidratación; descargas eléctricas.

Síntomas
Mucosas pálidas; gran abatimiento; disminución de la temperatura corporal y temblores musculares; pulso débil y acelerado; respiración superficial; pérdida de heces y de orina; vómito; colapso.

Cómo intervenir
Se coloca al perro en un lugar caliente; inmediatamente se consulta al veterinario para la administración de infusiones o transfusiones de plasma, suministro de fármacos *antishock*, calmantes, analépticos, oxígeno. El perro debe mantenerse bajo un estrecho control durante algunos días para asegurarse de su total recuperación.

Intoxicaciones

Pueden ser accidentales o intencionadas.
Si se descubre que el perro ha ingerido sustancias tóxicas se le puede provocar el vómito suministrándole medio vaso de agua con una cucharada sopera disuelta de sal o estimulando el paladar y la parte posterior de la garganta. Estas maniobras deberán evitarse si el perro ha ingerido ácidos o álcalis fuertes, u objetos que pudieran lesionarle.
Para evitar los fatídicos envenenamientos intencionados hay que ense-

---

CÓMO EVITAR LAS INTOXICACIONES ACCIDENTALES

• *Evitar que el perro ingiera champú y productos antiparasitarios durante los tratamientos.*
• *Evitar que el perro circule libremente por sótanos y patios en los que se hayan realizado tratamientos desinfectantes y desratizaciones recientes.*
• *Mantener al perro alejado de los líquidos de lavado de radiadores de automóvil (el anticongelante es dulzón y apetecible).*
• *Guardar todos los fármacos, sustancias venenosas y químicas lejos del alcance de los perros.*
• *No colocar productos peligrosos junto a los alimentos.*
• *No dejar medicamentos al alcance de los perros, especialmente de los cachorros.*
• *No dejar platos de comida ni cuencos de bebida en el patio o jardín durante los tratamientos antiparasitarios.*
• *Retirar inmediatamente los animales muertos de los patios y jardines.*

ENVENENAMIENTOS ACCIDENTALES O INTENCIONADOS

tipos de veneno	síntomas
organofosfatos (antiparasitarios)	salivación, contracciones musculares de diversa magnitud, convulsiones, vómito, diarrea, pupila cerrada (miosis) no reactiva, broncoespasmo, edema pulmonar, cianosis
estricnina (raticida)	convulsiones, disnea (respiración irregular), espuma por la boca y asfixia por parálisis espástica de los músculos intercostales y del diafragma, muerte
compuestos con cianuro (herbicidas)	aturdimiento, pérdida de la fuerza muscular, respiración jadeante y profunda, colapso, muerte; el aliento huele a almendras amargas
ANTU (potente raticida)	salivación abundante, vómito, edema pulmonar y disnea, debilidad muscular, pulso acelerado y débil
sustancias raticidas	depresión, fiebre, hemorragias múltiples asociadas a una prolongación del tiempo de coagulación, equimosis en la superficie cutánea, anemia, pulso frecuente y débil, hemorragias, disnea, muerte
etilenglicol (anticongelante)	pulso frecuente, ataxia, delirio, disnea, vómito, anuria (ausencia de orina), oliguria (poca orina), deshidratación
fármacos	variables en función del producto

ñar al perro a rechazar la comida que le ofrezcan extraños y los restos de comida abandonados en el suelo o en las basuras. Para evitar los accidentes basta actuar con un poco de sentido común.

Picaduras de insectos

A menudo los perros sufren picaduras en la cabeza producidas por abejas, avispas, tábanos, etc. Las picaduras, aunque son dolorosas, tienen efectos

125

leves y transitorios. Generalmente es suficiente con enfriar la zona con abundante agua y suministrar antihistamínicos por vía oral. La situación puede revestir mayor gravedad cuando el perro es picado en la parte posterior de la garganta, en su intento de comerse el insecto. En tal caso la reacción de hinchazón puede ser intensa y el riesgo de ahogo grave, por lo que habrá que consultar rápidamente al veterinario y, si ello no es posible, en casos extremos, se suministrarán inyecciones antihistamínicas. En el caso de picaduras múltiples hay que acudir inmediatamente al veterinario, que podrá intervenir antes de que se genere un *shock* anafiláctico.

Mordedura de víbora

El hocico es la parte más expuesta y que generalmente resulta afectada durante el intento de captura. Si el perro está en buenas condiciones de salud puede superar el envenenamiento, que requiere en cualquier caso el tratamiento con un antídoto y la asistencia veterinaria.

Golpe de calor

Suele producirse en verano, especialmente cuando el perro se queda en el interior del automóvil con las ventanas cerradas. Para mantener la propia temperatura corporal el perro generalmente se pone en contacto con superficies frescas y sombrías.

Cuando esto no es posible, el animal aumenta la ventilación pulmonar, que sin embargo en muchos casos sigue sin ser suficiente. Los síntomas más visibles son: mareo, aumento considerable de la temperatura rectal, piel caliente y seca, pulso rápido, disnea, coma, muerte. Cuando se presentan tales síntomas hay que procurar reducir la temperatura corporal y superar el estado de colapso mojando al perro con agua fría, y luego haciéndolo reposar en un lugar fresco y a la sombra. Llamar urgentemente al veterinario.

Fracturas

Las fracturas más frecuentes se producen por regla general en las extremidades, en la columna vertebral y en la mandíbula. Suelen ser consecuencia de traumatismos violentos, como el atropello por parte de un vehículo o la caída desde una cierta altura. Pueden afectar a uno o más huesos y, en los casos más graves, las partes afectadas pueden sobresalir por la herida (fractura abierta). Los síntomas son: cojera con fuerte dolor, tumefacción, hemorragia, paresia o parálisis y, en los casos más graves, estado de *shock*. En tal caso hay que dejar al perro lo más tranquilo posible, dándole tiempo para recuperarse del susto y adaptarse al dolor agudo. En caso de fractura de las extremidades, se debe procurar moverlas lo menos posible y, si la intervención del veterinario no puede ser inmediata, se inmovilizará provisionalmente la parte afectada con un entablillado de madera o cartón y vendas.

Si hay heridas tienen que ser limpiadas y desinfectadas siempre, y luego protegidas con gasas. Si el perro no es capaz de moverse, hay que tumbarlo en el suelo y transportarlo con una tela o una manta al veterinario, procurando no dañar la columna vertebral durante el transporte. Una visita veterinaria con radiografías es siempre aconsejable incluso en caso de traumatismos ligeros y de escasa sintomatología, ya que las fracturas leves, si se descuidan, pueden causar anomalías permanentes.

Consejos para los primeros auxilios

Cómo actuar con un perro accidentado

El perro accidentado, generalmente atropellado por un vehículo, casi siempre está muy atemorizado y desorientado. Por este motivo es conveniente acercarse a él con cautela para evitar que el miedo aumente y el animal intente la fuga. Se le debe hablar con voz tranquila para calmarlo, más que obligarlo a estar quieto. Si el accidente ha sido particularmente violento podría producirse un estado de *shock* con fuertes dolores debidos a las heridas y las contusiones. En este caso también es oportuno acercarse lentamente y hablarle pausadamente, para que el perro reconozca la voz de su dueño y se tranquilice. No hay que hacer movimientos bruscos. Se debe ir con cuidado porque el miedo y el dolor le pueden provocar reacciones particularmente irritables y agresivas, y en respuesta a nuestros cuidados recibiríamos un mordisco. Si se considera oportuno se le puede poner el bozal o una ligadura de emergencia antes de moverlo o levantarlo. Se debe intentar mantener la tranquilidad porque el animal puede percibir nuestro estado de tensión, que puede aumentar su irritabilidad. El perro debe ser manipulado con suavidad para no agravar las heridas sufridas y tiene que ser trasladado lo más rápidamente posible al veterinario o a un centro de urgencias.

Cómo transportarlo

Si el perro no es capaz de alzarse por su propio pie y de andar, hay que levantarlo del modo menos traumático posible.

Los perros pequeños o de talla mediana se pueden sostener pasando un brazo por debajo del vientre o del tórax; no se debe sujetar por las patas, que podrían estar fracturadas. Se hará el menor número posible de desplazamientos. Si las extremidades posteriores nos parecen totalmente paralizadas deberemos sospechar que la columna vertebral puede estar lesionada. En tal caso procuraremos evitar cualquier movimiento, que podría ser peligroso para la recuperación de la funcionalidad de la médula espinal.

Cómo tratar una herida

No es posible extenderse en los distintos tipos de heridas que un perro puede producirse jugando, trabajando o, a veces, incluso comiendo. Sin embargo algunas reglas generales pueden servir de ayuda.

Como primera regla hay que cortar la hemorragia comprimiendo la zona herida con un pañuelo o un trapo limpios. Si la hemorragia es intensa, por ejemplo en las heridas en las patas, hay que intentar bloquearla presionando por encima del corte, y en seguida notaremos una disminución del flujo. Para efectuar un torniquete se puede utilizar un cinturón, una cuerda o una corbata, que apretaremos fuertemente, e iremos aflojando aproximadamente cada diez minutos para dejar que un poco de sangre circule por la pata. En cambio, si la herida está localizada en el abdomen o en el tórax, procuraremos hacer una compresión con una toalla o un trapo doblados. En la mayoría de casos esto basta para detener la hemorragia, aunque en algunas ocasiones es necesario que el veterinario suture el vaso sanguíneo roto para bloquearla definitivamente.

El segundo paso consiste en desinfectar y lavar la herida, eliminando la tierra y la suciedad. Hay que tener cuidado si el perro está nervioso porque podría mordernos. Antes de efectuar la cura hay que ponerle el bozal. Una vez limpia y desinfectada, se coloca una gasa provisional encima de la herida que la protegerá de posibles infecciones y se hará visitar el animal por el veterinario, que constatará el daño real. Las heridas en las patas pueden afectar también a tendones y nervios, que deben coserse rápidamente para evitar lesiones de carácter crónico.

Si se trata de una herida abierta hay que lavarla con una solución fisiológica y agua oxigenada. A continuación se cubre con una gasa y se acude rápidamente al veterinario. Los tejidos afectados pueden infectarse con facilidad, lo que podría generar enfermedades de difícil curación (osteomielitis).

Lesiones en ojos, orejas y nariz

Las garras de los gatos o de otros perros pueden lesionar la córnea, incluso con una cierta gravedad. También son peligrosos los golpes violentos capaces de sacar el globo ocular de la órbita. En todos los casos hay que lavar el ojo herido con solución fisiológica, agua bórica o, si no hay otra cosa a mano, con agua limpia. El ojo afectado se protegerá con un pañuelo húmedo mientras se acude rápidamente al veterinario. Hay que proceder con cuidado porque las heridas en los ojos son muy dolorosas.

Las heridas más frecuentes que se producen en las orejas son el corte o el hematoma interno en el pabellón auditivo (otohematoma). En ambos casos hay que procurar cortar la hemorragia comprimiendo la parte afectada o vendando la oreja contra la cabeza y aplicando hielo. Es conveniente consultar lo antes posible al veterinario.

Las hemorragias en la nariz son quizá las que más inquietan al propietario. Generalmente el perro nota la sangre que pierde y al molestarle estornuda, con lo que esparce gotitas rojizas a su alrededor. La rinorragia puede estar causada por envenenamientos o por pequeños cuerpos extraños que se han introducido en la nariz y lesionan un capilar, además de generar una fuerte irritación que hace estornudar violentamente al perro. Procuraremos cortar el flujo de sangre con compresas de hielo y nos dirigiremos al veterinario.

Quemaduras

No es muy frecuente que el perro sufra quemaduras, por lo menos producidas por fuego, dado su instinto innato de alejarse de él. Sin embargo, puede haber otras causas, como una olla de comida con agua hirviendo, o bien sustancias químicas irritantes que le caigan encima accidentalmente. Lo primero es lavar la zona afectada con agua fría, que eliminará la sustancia irritante y enfriará la zona, en caso de quemadura por calor. A continuación se prepararán compresas frías que se colocarán sobre la parte afectada para reducir la vasodilatación. Luego se cubre la quemadura, a la espera del veterinario, que controlará el estado de *shock* que puede generarse como consecuencia de la quemadura.

Congelación

No es un fenómeno frecuente en nuestras latitudes, aunque puede darse en la montaña. Normalmente afecta a las extremidades y a las puntas de las orejas. En caso de producirse instalaremos al animal en un lugar caldeado y lo taparemos para hacer subir la temperatura corporal. Practicaremos masajes con fuerza en las partes congeladas e intentaremos calentarlas con paños calientes o bolsas de agua caliente. El color rosado en la piel indicará la reanudación de la circulación.

Ahogo

Esta emergencia requiere una intervención rápida. Hay que mantener abierta la boca del perro, que estará intentando expulsar el objeto extraño, bajarle la lengua y mirar el fondo de la garganta para intentar localizar el objeto extraño y poder extraerlo. Para evitar que el perro nos muerda hay que oprimir un poco del labio entre los dientes para que no pueda cerrar la boca. Si no se observa nada y el perro es de talla pequeña lo agarraremos por las patas posteriores y lo sacudiremos para que el cuerpo extraño caiga hacia abajo. Si el perro es demasiado pesado para permitir esta operación, le daremos unos golpes decididos, pero no demasiado violentos, en el tórax, con la idea de que el aire expulsado pueda mover el objeto oclusivo.

Crisis convulsivas

Generalmente la crisis convulsiva asusta al propietario, sobre todo si es intensa y si se trata de la primera vez. En tales circunstancias procuraremos tener al perro en un lugar sin aristas ni cantos en donde el animal no pueda herirse durante la fase convulsiva. Pasada la crisis dejaremos al animal tranquilo en una habitación sin ruidos y con poca luz, hasta que esté totalmente recuperado. Lo cubriremos con una manta. Una vez haya sido superada totalmente la crisis (normalmente dura pocos minutos) lo llevaremos al veterinario.

Cómo administrar los medicamentos

Desgraciadamente un perro enfermo es irritable y no está siempre dispuesto a tomar los medicamentos de buena gana.

El primer intento debe realizarse con astucia, el segundo con decisión.

Los fármacos por vía oral son de varios tipos, pero para nuestra comodidad podemos subdividirlos en comprimidos, cápsulas, caramelos, etcétera, y fármacos líquidos.

En el primer caso se puede intentar ocultar su sabor con un alimento que le guste especialmente al perro (queso, carne). Si se trata de polvos o comprimidos troceados se puede intentar mezclarlos con un poco de carne, dándole el resto de la ración después de haber comprobado que el perro se ha comido toda la primera porción. Sin embargo, hay casos en que el fármaco no puede ser mezclado con el alimento porque puede estropearse, o bien porque su sabor es tan fuerte que el perro lo descubre y rechaza la comida. En este caso habrá que abrir la boca del perro, introducir profundamente el comprimido, cerrarla rápidamente y, manteniendo la cabeza hacia arriba, practicar un masaje en la garganta del animal para estimular la deglución. Hay que asegurarse de que el perro haya tragado el fármaco, porque a veces lo retiene en un rincón de la boca y lo escupe apenas nos damos la vuelta.

Los fármacos líquidos pueden ser suministrados con jeringas sin aguja, con peras de goma o con cuentagotas. Se mantiene la cabeza del perro levantada, se introduce la jeringa en un ángulo de la boca entre los labios y se hace fluir lentamente el producto para permitir su deglución. No se deben suministrar nunca los líquidos manteniendo la boca abierta a la fuerza, ya que se impide la deglución y se puede provocar ahogo.

Fármacos inyectables

Este tipo de fármacos se suministra mediante inyecciones subcutáneas, intramusculares o intravenosas.

El propietario debe aprender a poner las subcutáneas para seguir el tratamiento dictado por el veterinario. Para ello usará, igual que para las personas, jeringas de un solo uso o esterilizadas. Se tiene que levantar un pliegue de piel en la espalda, entre el cuello y el flanco, se desinfecta la piel levantando el pelo, y se introduce la punta de la aguja en dirección paralela a la espina dorsal del perro. A continuación se inyecta el fármaco. Si el producto es irritante otra persona deberá encargarse de sujetar al perro.

Fármacos para las otitis

Se mantiene levantada la punta de la oreja y se introduce el cuentagotas en el conducto auditivo. Dejaremos caer las gotas y a continuación daremos un leve masaje en la parte inferior de la oreja para distribuir uniformemente el producto. Durante algunos minutos mantendremos inmóvil la cabeza del animal, para evitar que al sacudirla esparza el líquido que le irrita el oído.

Fármacos para los ojos

Se mantiene la cabeza del perro levantada y se dejan caer las gotas de colirio sobre la córnea. Si la presentación del medicamento es en forma de pomada bajaremos el párpado inferior y la colocaremos por la parte interna. A continuación se deja que el animal cierre el ojo y se realiza un masaje para distribuir la pomada uniformemente. El producto sobrante se debe eliminar con un pañuelo.

QUÉ HAY QUE TENER A MANO PARA CASOS DE EMERGENCIA

• *Desinfectantes: agua oxigenada, tintura de yodo, mercurocromo.*
• *Soluciones y líquidos desinfectantes: solución fisiológica, agua bórica.*
• *Astringentes y antibióticos intestinales.*
• *Laxantes: aceite de parafina.*
• *Antieméticos.*
• *Un antibiótico de emergencia aconsejado por el veterinario.*
• *Compresas de gasa, esparadrapo, gasa de 5 cm para vendajes.*
• *El número de teléfono del veterinario de confianza.*

Supositorios

El empleo de supositorios para perros no es muy frecuente, pero puede ser necesario para calmar un dolor agudo. En tal caso se humedece el supositorio con agua, se levanta la cola del animal y se introduce el producto lentamente y sin forzar, pero empujándolo hasta el fondo, con la ayuda, por ejemplo, de un poco de algodón. Luego se mantiene la cola bajada sobre la zona perianal por espacio de algunos minutos para impedir que el perro expulse inmediatamente el fármaco.

El adiestramiento

La obediencia básica

Tanto si quiere un perro de caza como si lo necesita de exposición o de compañía la obediencia básica reviste una importancia fundamental. En efecto, tener el completo control sobre el animal no sólo es útil en las relaciones con el prójimo, para respetar las reglas de una convivencia civilizada, sino que le puede permitir salvarle la vida si se presenta una situación de peligro.

Todo perro debería estar educado y adiestrado de forma que no constituyese ni una molestia ni una amenaza, ni en casa ni en un lugar público. Así podrá seguir a su amo a todas partes sin suscitar desagrado. Su labrador, una vez adiestrado, no le dará nunca problemas, sea cual sea el lugar o la situación en que se encuentre, y el vínculo que les une podrá hacerse cada vez más sólido.

La enseñanza de las reglas básicas podrá comenzar ya en el momento en que se lleve a casa su cachorro. Las primeras fases consistirán en enseñarle dónde debe ensuciar y dónde no puede hacerlo en absoluto, con qué puede jugar y con qué no, cuál es su nombre y a qué llamada debe responder, cuál es su perrera y dónde no debe subir, etc.

Desde pequeño su labrador aprenderá lo que significa «¡no!». Un «¡no!» seco dicho en el momento adecuado es comprendido rápidamente y resulta mucho más útil que cualquier tipo de castigo. Aprenda a comunicarse con el perro sólo con el tono de la voz y con unos gestos bien visibles, sin manotazos o golpes de periódico en el hocico. Es muy

Un cachorro atento a la llamada de su amo (foto Scarpellini)

importante felicitarlo efusivamente cuando obedece o hace algo bien. El cachorro de labrador es muy sociable y sensible a los mimos y a las felicitaciones, por lo que para reforzar un comportamiento positivo es suficiente mostrarse entusiasta y premiarlo jugando con él, lanzándole su pelotita o haciendo con él otras cosas que le gusten. También puede resultar útil un premio en especie, como una galleta para perros, si se le da en el momento adecuado, aunque no debe convertirse en un hábito.

Veamos ahora cuáles son las principales reglas que deberá aprender nuestro perro. Ante todo la obediencia a la llamada: en cualquier momento y sea lo que sea aquello que esté haciendo el perro debe responder a la llamada del amo.

Es importante habituarlo a una llamada única: por lo general el nombre del perro va seguido de la palabra «¡ven!» o bien «¡aquí!» o bien «¡pie!», etc. El cachorro de retriever, por ser de naturaleza muy sociable, responde de buen grado a la llamada desde los primeros tiempos, pero observará que si está ocupado en alguna actividad que le interesa particularmente no siempre obedecerá de inmediato. Por este motivo resulta útil felicitarlo cuando llega junto a usted y sobre todo no atarlo de inmediato. La traílla puede ser poco tolerada por el cachorro, por lo que llamarlo y atarlo inmediatamente puede resultar contraproducente.

A la derecha, *el nombre debe pronunciarse claramente y seguido de la orden: sólo así su perro podrá comprenderlo (foto Navoni).* Debajo, *construcción sólida y compacta de un prometedor cachorro del Criadero Chestnut Creek (foto B. Landolt)*

Si está en casa o en su jardín puede repetir el ejercicio de la llamada más de una vez y, cada vez que el perro le obedezca, premiarlo; esta es la primera fase, la más sencilla: en un segundo tiempo podrá iniciar el ejercicio en el exterior. Deje al perro suelto en un lugar que no sea peligroso y, después de permitirle explorar un poco, comience con la llamada, que debe ser siempre alegre, nunca sonar como una orden, en las primeras fases. Repita el ejercicio varias veces y sólo al final vuelva a ponerle la traílla.

Cuando el cachorro haya aprendido su nombre y responda con bastante rapidez, la llamada deberá reforzarse en situaciones cada vez más difíciles. Algo muy importante que hay que tener en cuenta es que nunca debemos ponernos en condiciones de poder perder. Si su perro está jugando desenfrenadamente con otro perro, o bien se está divirtiendo como un loco en un estanque, evite llamarlo si piensa que no obedecerá. Un perro adulto bien adiestrado debe obedecer también, y sobre todo, en situaciones como estas, pero no

Hay algunas ocasiones en que el perro prefiere no obedecer, especialmente mientras está jugando (foto Scarpellini)

Un labrador que ejecuta la orden «¡sentado!» (foto Navoni)

puede pretender que lo haga un joven y vivaz cachorro. Además, llamándolo inútilmente sólo conseguirá ponerse nervioso y probablemente llegará al punto de regañarle duramente en cuanto lo tenga a su alcance.

Otra cosa que no se debe hacer nunca es tratar de coger al perro: es siempre él el que debe acudir a su lado. Su cachorro interpreta la persecución como un juego y, también en este caso, correría el riesgo de perder la paciencia y de zurrarle cuando lo atrape, con lo que sólo conseguirá que se vuelva cada vez más desconfiado a su llamada. En efecto, él no comprende el motivo del castigo, no es capaz de asociar la fuga con la regañina, asocia simplemente amo + llamada = golpes, y en la siguiente ocasión será más difícil que obedezca a su orden.

El mejor método, aunque requiere mucha paciencia, es alejarse del perro y seguir llamándolo hasta que se decida a acudir; felicitarlo y acariciarlo y volver a dejarlo libre. Repetir el ejercicio dos o tres veces en cada salida, hasta que haya aprendido a responder sin demora. Cuanto más rápidamente acuda junto a usted, más efusivamente deberá felicitarlo, de forma que para él sea siempre una alegría volver junto a su amo.

La marcha de la traílla representa un segundo punto importante en el adiestramiento básico; el perro debe aprender a caminar junto al pie izquierdo de su amo secundando las variaciones de marcha y evitando tanto tirar como quedarse atrás. Además, a cada parada del propietario debería aprender a sentarse.

El collar se le pone al cachorro en torno a los dos meses y medio, cuando comience a salir de casa para dar los primeros paseos. Las primeras veces será usted quien tenga que tirar de él porque sentirse atado lo bloqueará inevitablemente. En esta fase no dé nunca tirones bruscos, actúe de forma que collar y traílla le molesten lo menos posible. Verá cómo después de las primeras veces, en que el perro se sentará y no querrá dar un paso más, o bien se rascará furiosamente para liberarse del collar, poco a poco mejorarán las cosas. Es necesario tener un poco de paciencia y darle tiempo para acostumbrarse. Sería útil que fuesen dos personas las que lo llevasen de paseo las primeras veces: uno llama al perro, el otro lo lleva de la traílla. Esta última debe tensarse solamente cuando el perro corra demasiado hacia delante y estar floja, en cambio, si el cachorro se mantiene junto a usted.

La enseñanza de la marcha al pie debe aprovechar el principio de que el perro se siente a disgusto cuando se aleja de su amo y no siente impedimentos cuando, por el contrario, permanece junto al pie. Cuando ha adquirido confianza con la traílla y se ha acostumbrado a estar atado se puede empezar a hacerle entender cómo debe caminar. Ayudándose con un collar de nudo corredizo, es decir, que se estrecha cuando la traílla es estirada, se empieza a caminar impartiendo la orden «¡pie!», «¡heel!» o «¡fuss!», precedida del nombre del perro; si este permanece a su lado sin tirar se le debe felicitar, mientras que si empieza a tirar es preciso dar una sacudida a la traílla y repetir la orden. No es necesario dar sacudidas fuertes, es suficiente un golpecito seco efectuado tirando de la traílla hacia la derecha y no hacia atrás. El ejercicio debe repetirse varias veces para obtener una marcha perfecta, pero en general el perro aprenderá en poco tiempo a caminar a su lado sin tirar.

Por último, será indispensable para

A la izquierda, *una fase del adiestramiento: la llamada al pie (foto Scarpellini)*

En la página siguiente, *la orden «¡espera!» correctamente ejecutada en posición «¡en tierra!»*

el perro de caza la marcha al pie sin traílla; con este ejercicio el perro debe aprender a caminar junto a usted como si estuviese atado. Las primeras veces no resultará fácil, pero si procede de forma gradual alternando frecuentemente con la marcha de la traílla, el perro aprenderá pronto.

«¡Espera!» es otra orden importante que va precedida de «¡sentado!» o «¡tierra!»; el perro debe aprender a permanecer inmóvil en el lugar donde lo haya dejado aunque usted se aleje o incluso desaparezca de su vista. Es una orden de gran utilidad durante la caza, ya que permite frenar al perro hasta el momento en que debe intervenir, pero también en la vida cotidiana, cuando necesite que su amigo le espere en algún lugar.

Se comienza haciendo que se siente o se tumbe en el suelo y se le imparte la orden «¡espera!» o «¡stay!», sin mirarlo a los ojos, con voz firme pero no amenazadora. La orden puede reforzarse también levantan-

do una mano. A continuación nos alejamos del perro lentamente sin dejar de repetir «¡espera!» y después de unos metros volvemos hacia él. Si no se ha movido, al llegar junto al perro lo felicitaremos acariciándolo; si, por el contrario, se ha levantado para seguirle o, peor aún, se ha dejado distraer por alguna otra cosa, deberá pronunciar un seco «¡no!» y volver a situarlo donde estaba. El ejercicio se debe continuar aumentando progresivamente la distancia, hasta llegar a desaparecer de la vista del perro, o bien prolongando el tiempo durante el cual debe permanecer inmóvil en su puesto. También en este caso se requiere mucha paciencia y no hay que tener prisa por alcanzar un resultado perfecto en poco tiempo.

El adiestramiento para la caza

En cuanto al trabajo de cobro, existen numerosos ejercicios específicos

QUÉ DEBE SABER HACER EL PERRO OBEDIENTE

No es necesario tener un autómata a nuestro lado; bastan algunas reglas básicas:
1. Caminar correctamente de la traílla.
2. Volver inmediatamente junto al amo cuando se le llama.
3. Sentarse o tumbarse a la orden.
4. Permanecer inmóvil donde se le deja al oír la orden «¡espera!» o «¡quieto!».

podrá conseguirlo, pero si no lo consigue y escapa a su control habrá dado un paso atrás en lugar de obtener una mejora. Además, el adiestramiento debe ser constante, pero breve; el perro no es capaz de permanecer concentrado más de quince o veinte minutos. Por tanto, efectuar lecciones más largas es una pérdida de tiempo.

Todo el adiestramiento para la caza se basa en la posibilidad de controlar al perro a distancia. Para ello es necesario enseñarle las órdenes asociando a la voz un gesto, como por ejemplo una mano levantada, o un silbato que pueda percibirse incluso desde lejos. El perro aprenderá a

con distintos grados de dificultad que pueden realizarse durante el adiestramiento. No es este el lugar para tratar a fondo este tema, que debería ser afrontado por un adiestrador. No obstante, se pueden recordar algunas reglas fundamentales: ante todo se debe tener en cuenta que para obtener un buen perro de cobro se requieren dos años y medio, o incluso tres, de aprendizaje, y no hay que tener la tentación de avanzar demasiado rápido aunque el perro trabaje bien y nos dé muchas satisfacciones.

El adiestramiento debe ser siempre gradual; es un error pretender poner a prueba al perro con ejercicios complicados cuando aún no realiza los básicos perfectamente. En efecto,

LA INVITACIÓN AL AGUA

La mayoría de los cachorros de retriever adora el agua, aunque el primer impacto no es siempre tan fácil: aunque instintivamente se siente atraído, a veces el perro puede sentir cierto temor. Para ayudarle a superar esta fase usted mismo puede entrar en el agua y llamarlo; si la estación no lo permite, puede darle un buen ejemplo gracias a un perro adulto que entre en el agua delante de él, o bien puede incitarlo lanzándole algo en el agua. No lo fuerce nunca a entrar, por ningún motivo, ya que ello podría asustarlo todavía más.

Algunos ejemplares de labrador en el agua (foto Navoni)

detenerse y a sentarse a la orden, y se aumentará la distancia de forma progresiva hasta llegar a distancias considerables. También la llamada al pie debe ser sumamente precisa.

Otro principio fundamental que el perro debe aprender es partir sólo si se le pide. Por consiguiente, es necesario habituarlo a ver caer cosas delante de él, a ver lanzar los objetos destinados al cobro o a cualquier otro movimiento, permaneciendo inmóvil en su puesto. Así, en las primeras fases de adiestramiento, es mejor no caer en la tentación de hacer cobrar al perro; como regla general conviene conceder como máximo un cobro por cada lección, aunque durante la misma el objeto previsto para el adiestramiento se haya lanzado varias veces. El instinto del retriever sería correr inmediatamente hacia el objeto que debe cobrar, pero en una partida de caza es fundamental que sepa permanecer en su puesto sin molestar hasta que le toque a él intervenir. Debe ser indiferente al movimiento, a la con-

141

EL COBRO A CIEGAS

Se trata de un ejercicio que debe realizarse en la fase avanzada, cuando se ha instruido al perro a seguir para la búsqueda la dirección indicada por el conductor. Consiste en enviar al perro a buscar el objeto anteriormente colocado en un lugar más o menos oculto. Por tanto, el perro debe saber hallar un objeto que no ha visto caer y cuya existencia desconoce, simplemente basándose en la invitación dada por el conductor en la dirección en que debe buscar y en su propio olfato.

fusión y a la euforia que se producen durante la actividad venatoria; debe saber distinguir entre muchas palabras o gestos aquellos que no le afectan de los dirigidos expresamente a él. Para ello deberá procurar dar siempre órdenes claras tanto con la voz como con los gestos. No es necesario gritar o silbar excesiva-mente fuerte, lo único que debe cuidar es que su orden sea perfectamente comprensible. El silbato puede utilizarse también de forma suave: si necesita reforzar una orden no hará sino aumentar la intensidad de la llamada y el efecto será más inmediato.

Otro punto fundamental es variar los

EL DISPARO

La costumbre del disparo se adquiere con la ayuda de una persona que se encuentre a cierta distancia, mientras usted se sitúa cerca del perro y lo tranquiliza. Se comienza disparando a unos 150 metros, y luego, de forma progresiva, cada vez más cerca; si el perro no muestra temor se puede ir avanzando; si por el contrario se muestra un poco preocupado e intimidado es mejor dejarlo y volver a probar otro día, siempre partiendo de lejos.

La introducción del hábito de detenerse y sentarse al oír el disparo se llevará a cabo más tarde, cuando el perro se haya acostumbrado al ruido y lo considere algo normal.

Un buen perro de caza debe ser bien controlable incluso a gran distancia

ejercicios y la secuencia de las órdenes a fin de no aburrir al perro. En cada sesión todas las órdenes se deben repasar y repetir incluso más de una vez antes de introducir algo nuevo, pero en cualquier caso intente introducir variaciones en los ejercicios que el perro ya conoce, para evitar que se creen costumbres que podrían resultar negativas.

Al final de este capítulo, en el que se han enumerado sólo nociones generales, cabe añadir que, de todos modos, es difícil para un profano convertirse de improviso en un adiestrador. En cambio, es muy útil confiar en un experto, a ser posible siguiendo junto al perro algún curso de adiestramiento, a fin de poder crear las bases que luego podrán ser desarrolladas por el propietario con un trabajo constante.

¿Quién puede resistirse a tanta ternura? Cría, propiedad y foto de B. Landolt

Las exposiciones

Las exposiciones caninas son manifestaciones en las cuales los perros, divididos en clases por edad, sexo y posibles títulos, compiten entre sí ante un juez para obtener diversas calificaciones, que dependen lógicamente del tipo de exposición, de cuántos perros están presentes, etc. El juicio es formulado según la belleza y conformación exterior del perro en relación con el estándar oficial de la raza de pertenencia. El valor absoluto del perro es expresado con un comentario por escrito del juez, resumido luego en una calificación final.

En las exposiciones reconocidas son asignadas las siguientes calificaciones:

Excelente: es la calificación máxima y es atribuida a aquellos ejemplares que se acercan al máximo al estándar ideal de la raza, que se hayan presentado en perfectas condiciones y que en conjunto tengan un aspecto armonioso y equilibrado. Deben poseer una marcha brillante, cierta clase y, algo muy importante, los rasgos evidentes del sexo al que pertenecen.

Muy bueno: es atribuido a ejemplares perfectamente típicos, en buenas condiciones físicas y en su conjunto equilibrados y armoniosos. Se toleran algunos defectos leves, pero no morfológicos. En cualquier caso esta calificación sólo puede ser atribuida a un perro de calidad.

Bueno: es el juicio atribuido a perros que poseen las características de la raza a la que pertenecen, pero que presentan defectos evidentes. Los defectos no deben ser eliminatorios.

Algunos ejemplares en clase Campeones en la Exposición Internacional de Milán

Bastante bueno: se asigna a perros suficientemente típicos, aunque sin cualidades notables o en condiciones físicas que no son buenas.

Así pues, un perro de exposición debe acercarse lo más posible al estándar de la raza: por lo que se refiere al labrador, debe poseer un correcto color de los ojos, manto doble con pelo y subpelo, cabeza típica, expresión dulce, buena osa menta y cola de nutria.

Si en el momento de la compra espe cifica al criador que pretende llevar : su perro a las exposiciones, él sabr aconsejarle el cachorro más promete dor en función de su genealogía y d su morfología. No es posible d: garantías sobre el futuro desarrollo d un cachorro, pero un ojo experto si duda podrá orientarle correctamente

Ch. Lawnwood Flash O'Fancy. *Cría de Satterwaite. Propiedad de G. Borletti*

Preparación
para las exposiciones

Si nunca ha participado en una muestra canina puede comenzar asistiendo a una; así observará cómo deberá moverse en el *ring* y cómo se debe comportar el perro.

Es importante comenzar a instruir al perro en casa haciéndole caminar de la traílla sin tirar: varíe las marchas, hágale avanzar tanto en línea recta como en círculo.

Frente a un espejo haga que el perro se emplace en la posición llamada *standing,* es decir, inmóvil en pose; para ello puede atraer su atención con galletitas, sin dejar que se siente. Debe permanecer bien emplazado sobre las cuatro patas con la línea dorsal recta y la cola en la misma línea; la cabeza erguida con la mirada y las orejas en posición de atención. Además, debe habituarse al perro a dejarse tocar por el juez en todo el cuerpo, a dejarse abrir la boca para mirar los dientes, etc., siempre permaneciendo en posición inmóvil.

Este tipo de adiestramiento debe llevarse a cabo gradualmente y resultar agradable para el perro: no le imponga nada, plantéelo todo siempre como un juego, premiándolo si se comporta bien.

La primera vez

Consultando las diferentes publicaciones sobre perros puede decidir la fecha y el lugar de la exposición en la que participará. La inscripción debe enviarse dentro del plazo indicado, cumplimentando un documento especial en el que deben especificarse sus datos y los del perro, así como la clase en que pretende inscribirlo.

Es lógico que decida participar en una exposición cuando piense que

Ch. Carromer's Charlie Chalck. *Cría de Reynolds. Propiedad de Leith Ross Felicity*

Ch. Simandem King Solomen. *Propiedad de Renza Cogo*

LAS CLASES

Campeones: *obligatoria para los campeones internacionales de belleza y facultativa para los campeones extranjeros. En esta clase, en las exposiciones internacionales, puede disputarse el CACIB (Certificado de Aptitud para Campeonato Internacional de Belleza).*
Libre: *abierta a todos los perros de al menos quince meses de edad, excluyendo naturalmente a los campeones internacionales de belleza. En esta clase se disputa el CAC (Certificado de Aptitud para el Campeonato Nacional) para las razas no sometidas a pruebas de trabajo y el CACIB, sólo en las exposiciones internacionales.*
Trabajo: *para perros de al menos quince meses y para razas sometidas a la prueba de trabajo. Se disputa el CAC. Para inscribirse en esta clase los perros deben haber superado previamente una prueba de trabajo.*
Jóvenes: *destinada a perros de edad comprendida entre nueve y dieciocho meses. En esta clase no se asigna ni el CAC ni el CACIB.*
Fuera de concurso: *los perros inscritos en esta clase pueden participar en el grupo de cría.*

su perro está en las mejores condiciones físicas. Solicite la cartilla de calificaciones en la secretaría de la exposición en la que participará. Esta cartilla, que luego deberá conservar, servirá para anotar el juicio obtenido y el puesto de la clasificación alcanzado por su perro en todas las exposiciones en las que participe.

El día de la primera muestra prepare en una bolsa todo lo necesario para el perro, ya que deberá pasar bastante tiempo dentro del pabellón de exposición. Por tanto, cogerá una manta para que se tumbe, una escu-

La traílla que se utiliza en exposición es muy simple; en general consiste en una cuerda rematada con una anilla que se pasa en torno al cuello del perro. De esta forma es posible aflojarla en el momento en que el juez observe a su perro y apretarla nuevamente cuando el perro deba caminar

dilla para el agua y eventualmente la comida, un cepillo y un paño suave, una traílla y unas galletas.

Gladlab Hirohito *durante la valoración del juez*

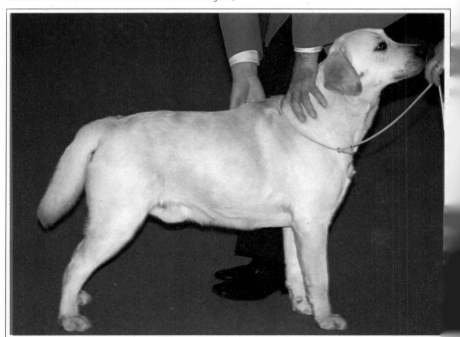

Dé de comer al perro la noche anterior pero evite darle el día de la muestra para que no se maree durante el viaje. Si está un poco hambriento también estará más atento en el *ring*, con la esperanza de recibir alguna galleta de las que lleve usted en el bolsillo.

Normalmente se ponen a disposición de los participantes en las exposiciones unas jaulas en las que meter a los perros, pero si posee una jaula suya sin duda será mejor utilizar esa.

Tan pronto como llegue a la muestra deberá retirar el catálogo con la lista de todos los perros expuestos y un sobre que contiene su número. Diríjase luego hacia el número de *ring* indicado para el grupo 8 (perros de cobro, de búsqueda y de agua) e infórmese sobre la sucesión de las razas y de las clases. Si no le toca entrar a usted al principio, puede ayudar al perro a relajarse paseándolo y luego darle el último retoque con un cepillado y con un paño suave que pasará por todo el cuerpo. Cuando sea llamada su clase al *ring* entre tranquilamente y colóquese según la numeración junto a los demás participantes.

Sujétese en el pecho el número de forma visible y siga luego las directrices del secretario de *ring* que le indicará cómo colocarse.

Sitúe al perro frente a usted de forma que el juez lo pueda ver de lado y espere a que observe a todos los ejemplares juntos. El juez podrá pedir a todos los participantes que den una vuelta al paso a su alrededor y luego que aumenten la velocidad de la marcha.

Cuando llegue el turno de examinar a su perro, acérquese al juez y emplácelo; responda a las preguntas que le pueda hacer el juez sobre el perro y prepárese para hacerlo caminar delante de él. No vaya nunca demasiado rápido, pero tampoco demasiado lento; el perro debe tener una marcha desenvuelta y armoniosa junto a usted. En estas fases, la preparación hecha en casa resultará muy útil.

EXPOSICIONES, MUESTRAS ESPECIALES Y REUNIONES

Las exposiciones se dividen en:
Locales, provinciales o regionales: *en las que no está autorizada la concesión del CAC.*
Nacionales: *en las que, en cambio, los jueces están autorizados a conceder el CAC.*
Internacionales: *en las que los jueces están autorizados para conceder el CACIB.*
Generales: *cuando incluyen todas las razas.*
Especiales: *organizadas por la sociedad de raza competente y celebradas en el ámbito de exposiciones generales.*
Reuniones: *prevén la exposición de una sola raza o, como en el caso de los retriever, de varias razas afines.*

Intensa expresión de un labrador amarillo (foto B. Landolt)

Una vez finalizado el juicio, espere las decisiones del juez y, si tiene la fortuna de obtener un buen puesto ya la primera vez, dé las gracias al juez y felicítese con los demás partici pantes. Si el resultado no es dema siado bueno no se desmoralice siempre puede volver a intentarlo.

Direcciones útiles

Sociedades

**Real Sociedad Central
de Fomento de las Razas Caninas
en España (RSCFRCE)**
C/ Los Madrazo, 20-26
28014 - Madrid
Tel. (91) 522 24 00

**Federación Cinológica
Internacional (FCI)**
13, Place Albert 1
B 6530 Thuin
Bélgica

Criadores

D. José Luis Pando Sánchez
P. de Extremadura, 254
28011 - Madrid
Tel. (91) 463 67 63

D. Francisco Flores Negrete
Apartado de Correos 190
21080 - Huelva

Dña. Isabel Bombi Gusi
Molí 17-19
08190 - Valldoreix (Barcelona)

Índice analítico

Impreso en España por
BIGSA
Manuel Fernández Márquez, s/n
08930 Sant Adrià de Besòs